Lenovo Laptop-Bibel

Ein Benutzerfreundlicher Ansatz für Fortschrittliche Technologie

Tech Trends

INHALTSVERZEICHNIS

Lenovo Laptop-Bibel

Einführung in Lenovo Laptops: Ein Vermächtnis der Innovation

Lenovo hat sich durch strategische Akquisitionen, technologische Fortschritte und ein unerschütterliches Bekenntnis zur Qualität kontinuierlich seine Nische als weltweiter Marktführer in der Laptop-Branche erarbeitet. Der Aufstieg des Unternehmens zu einem bekannten Namen im Personal-Computing-Bereich begann lange bevor es weltweit unter der Marke „Lenovo" bekannt wurde. Die Wurzeln reichen bis ins späte 20. Jahrhundert zurück. Heute stehen die

Laptops von Lenovo für Zuverlässigkeit, modernes Design und benutzerorientierte Innovationen.

Überblick über Lenovos Reise in die Laptop-Branche

Die Laptop-Geschichte von Lenovo beginnt 1984, als das Unternehmen als „Legend" in Peking, China, gegründet wurde und sich zunächst auf den Vertrieb von IBM-Computern in China konzentrierte. Der erste bedeutende Durchbruch gelang 1990, als das Unternehmen seinen ersten Computer auf den Markt brachte und damit den Beginn seiner eigenen Produktlinie markierte. In den 1990er Jahren konzentrierte sich Lenovo (immer noch unter der Marke Legend tätig) auf den Ausbau seiner Präsenz auf dem chinesischen Markt.

Der Wendepunkt kam im Jahr 2005, als Lenovo die Personal Computing-Abteilung von IBM einschließlich der ThinkPad-Reihe übernahm. Dieser Schritt verwandelte Lenovo sofort in

einen Global Player und übernahm den Ruf von
IBM für Qualität und Innovation auf dem Markt
für Unternehmens- und Business-Laptops. Die
Übernahme war nicht nur aufgrund des
ikonischen Status des ThinkPad von
strategischer Bedeutung, sondern auch wegen
der fortschrittlichen Technologien, die Lenovo
nun nutzen konnte, einschließlich der Forschung
und Entwicklung von IBM im Bereich Mobile
Computing. Die ThinkPad-Serie wurde später
zum Symbol für die technische Exzellenz von
Lenovo.

Wichtige Meilensteine und Innovationen im Laufe der Jahre

Die Reise von Lenovo bei Laptops ist von
mehreren wichtigen Innovationen und
strategischen Entwicklungen geprägt, die das
Unternehmen zu einem Marktführer machten:

1. **2005: Übernahme des ThinkPad von IBM**
   Die Übernahme der ThinkPad-Reihe von
   IBM ist einer der bedeutendsten

Meilensteine von Lenovo. ThinkPad galt aufgrund seiner Haltbarkeit, Sicherheit und Leistung bereits als Goldstandard für Business-Laptops. Lenovo baute diese Stärken weiter aus und führte verbesserte Modelle ein, die die Grundwerte der Marke ThinkPad beibehielten und gleichzeitig modernere Funktionen hinzufügten. Unter der Leitung von Lenovo führte die ThinkPad-Reihe Funktionen wie das ein **TrackPoint**, Die **ThinkShutter** Kamera-Sichtschutzabdeckung und weitere Verfeinerung **UltraNav** Touchpad-System.

2. **2008: Einführung der IdeaPad-Serie**
   Lenovo beschränkte sich nicht auf den Geschäftsmarkt; Mit der Einführung des wurde es auf den Verbrauchermarkt ausgeweitet **IdeaPad** Serie. Diese Laptops wurden entwickelt, um ein breiteres Publikum anzusprechen und sich auf Multimedia, Unterhaltung und Heimcomputer zu konzentrieren. Die

IdeaPad-Serie brachte im Vergleich zum industriellen Look des ThinkPads eine frische Designsprache mit sich und war außerdem erschwinglicher, da sie sich an Studenten, Familien und Gelegenheitsnutzer richtete. Dieser Schritt diversifizierte das Portfolio von Lenovo und trug dazu bei, einen größeren Anteil am Weltmarkt zu erobern.

3. **2012: Start der Yoga-Reihe**
   Mit dem hat Lenovo die Laptop-Flexibilität neu definiert **Yoga** Serie, die der Welt 2-in-1-Convertible-Laptops vorstellt. Das 360-Grad-Scharnier des Yoga ermöglichte es Benutzern, zwischen Laptop-, Zelt-, Stand- und Tablet-Modus zu wechseln und erfüllte damit die Nachfrage nach vielseitigen Geräten, die sowohl Arbeits- als auch Freizeitaufgaben bewältigen können. Diese Innovation ebnete den Weg für Hybrid-Laptops, die heute ein fester Bestandteil des Marktes sind. Die Yoga-Serie ist weiterhin führend in

diesem Segment und entwickelt sich mit jeder Generation weiter und bietet Funktionen wie hochauflösende Displays, Touchscreens und eine längere Akkulaufzeit.

4. **2014: Übernahme von Motorola Mobility**
Während Lenovo vor allem für Laptops bekannt ist, ist die Übernahme von **Motorola Mobility** war ein strategischer Schritt, um seine Präsenz im Bereich Mobile Computing auszubauen. Obwohl sich diese Akquisition mehr auf Smartphones konzentrierte, ermöglichte sie Lenovo auch die Integration mobiler Technologieinnovationen in seine Laptops, wie bessere Konnektivität und Energieeffizienz. Dieser Deal unterstreicht Lenovos Absicht, ein wichtiger Akteur bei allen Computergeräten zu sein, nicht nur bei PCs.

5. **2017: Einführung der Legion Gaming-Linie**
Lenovos Einstieg in Gaming-Laptops mit

dem **Legion** Marke stellte einen weiteren wichtigen Meilenstein dar. Mit Blick auf den boomenden Gaming-Markt hat Lenovo leistungsstarke Laptops mit erstklassigen Spezifikationen entwickelt, z **NVIDIA GeForce-GPUs**, Displays mit hoher Bildwiederholfrequenz und hochentwickelte Kühlsysteme, um den anspruchsvollen Anforderungen moderner Spiele gerecht zu werden. Die Legion-Reihe erfreut sich bei Gamern großer Beliebtheit und konkurriert mit etablierten Gaming-Marken wie Alienware und Razer.

6. **2018: Der erste faltbare PC**
   Lenovo hat mit der Vorstellung des weltweit ersten faltbaren Laptops, dem, erneut sein Engagement für Innovation unter Beweis gestellt **ThinkPad X1 Fold**, im Jahr 2018. Dieses Gerät verfügte über einen klappbaren OLED-Bildschirm, der die Tragbarkeit eines Tablets mit der Funktionalität eines Laptops kombinierte. Das ThinkPad

7. **2022: KI-betriebene Laptops**
   Mit dem Aufkommen der künstlichen
   Intelligenz begann Lenovo, KI-gesteuerte
   Funktionen in seine Laptops zu
   integrieren und so die Produktivität und
   das Benutzererlebnis zu verbessern.
   Laptops wie die **Yoga Slim 7i Pro** Und
   ThinkPad X1 Carbon sind jetzt mit
   KI-Funktionen wie intelligenter Kühlung,
   adaptiver Bildschirmhelligkeit und
   Mikrofonen mit Geräuschunterdrückung
   ausgestattet, die alle auf der proprietären
   KI-Engine von Lenovo basieren. Diese
   Fortschritte tragen dazu bei, die Leistung
   zu optimieren, die Akkulaufzeit zu
   verlängern und das allgemeine
   Benutzererlebnis zu verbessern.
8. **Nachhaltigkeit und grüne Innovationen**
   Lenovo hat sich in den letzten Jahren auch
   zu nachhaltigen Praktiken verpflichtet.
   Die des Unternehmens **ThinkPad X1**
   Laptops beispielsweise werden mit dem
   Fokus auf die Reduzierung der
   Umweltbelastung gebaut. Lenovo

verwendet in seinen Laptops recycelte Materialien, implementiert energieeffiziente Herstellungsprozesse und reduziert aktiv seinen CO_2-Fußabdruck in der gesamten Lieferkette. Das Ziel des Unternehmens, bis 2050 klimaneutral zu werden, stärkt seine Führungsposition in diesem Bereich weiter.

9. **2024: Einführung des Yoga Pro 9i und Legion 7i**
   Zuletzt stellte Lenovo das vor **Yoga Pro 9i** Und **Legion 7i**, ausgestattet mit den neuesten Intel Core Ultra-Prozessoren und KI-gestützten Funktionen. Diese neuen Laptops sind mit einem fortschrittlichen Wärmemanagement, spielbereiten GPUs und einer längeren Akkulaufzeit ausgestattet und festigen damit Lenovos Position sowohl im Kreativ- als auch im Gaming-Markt. Diese Modelle sind Paradebeispiele für Lenovos Fokus auf die Kombination von KI-gesteuerter Technologie mit benutzerzentriertem

Design, um mit den neuesten Trends Schritt zu halten und gleichzeitig neue Maßstäbe zu setzen.

Auswahl des richtigen Lenovo Laptops: Ein umfassender Kaufratgeber

Lenovo bietet eine vielfältige Auswahl an Laptops, die auf unterschiedliche Bedürfnisse zugeschnitten sind – von Geschäftsprofis bis hin zu Gamern, Kreativen und Alltagsnutzern. Mit mehreren Serien wie Yoga, ThinkBook, Legion, IdeaPad und ThinkPad ist jeder Lenovo Laptop auf unterschiedliche Anwendungsfälle und Vorlieben zugeschnitten. Wenn Sie die

Hauptunterschiede zwischen diesen Modellen verstehen und herausfinden, welche Faktoren am wichtigsten sind, können Sie basierend auf Ihren spezifischen Anforderungen die richtige Wahl treffen.

Aufschlüsselung verschiedener Lenovo Laptop-Serien

1. Yoga-Serie

Die Yoga-Linie ist für Benutzer konzipiert, die Flexibilität und Vielseitigkeit ihrer Geräte suchen. Diese Laptops sind konvertierbar, was bedeutet, dass sie in mehreren Modi verwendet werden können: Laptop, Zelt, Ständer und Tablet. Damit sind sie ideal für Personen, die ein Gerät suchen, das verschiedene Aufgaben – Arbeit, Kreativität und Unterhaltung – in einem bewältigen kann. Die Yoga-Serie verfügt häufig über Touchscreen-Displays, Stiftunterstützung und lebendige hochauflösende Bildschirme.

- **Hauptmerkmale**:
  - 2-in-1-Cabrio-Design.

- ○ Erstklassige Verarbeitungsqualität mit schlankem Aluminiumgehäuse.
- ○ Hochauflösende Touchscreen-Displays mit HDR-Unterstützung.
- ○ Unterstützung für digitale Stifte, ideal für Künstler und Designer.
- **Zielgruppe**:
  - ○ Kreative, Künstler und Designer, die eine flexible Maschine benötigen.
  - ○ Profis, die den Komfort eines Tablets für Präsentationen oder Notizen benötigen.
  - ○ Benutzer, die ein erstklassiges, vielseitiges Gerät für Arbeit und Freizeit suchen.

2. ThinkBook-Reihe

Die ThinkBook-Serie kombiniert die Leistung und Zuverlässigkeit eines Business-Laptops mit modernen Designelementen, die jüngere Berufstätige und kleine Unternehmen ansprechen. Diese Laptops bieten ein ausgewogenes Verhältnis zwischen Erschwinglichkeit und Funktionalität und eignen sich daher ideal für Geschäftsanwender, die Leistung ohne die Masse oder die hohen Preise herkömmlicher Business-Laptops benötigen.

- **Hauptmerkmale**:
  - Dünnes und leichtes Design mit Schwerpunkt auf Tragbarkeit.
  - Starke Sicherheitsfunktionen, einschließlich Fingerabdruckleser und Webcam-Fensterläden.
  - Geschäftsorientierte Software und Hardware, einschließlich leistungsstarker Prozessoren und umfangreicher Konnektivitätsoptionen.
- **Zielgruppe**:
  - Unternehmer, Kleinunternehmer und junge Berufstätige.
  - Benutzer, die eine Kombination aus arbeitsorientierten Funktionen und Portabilität suchen.

○ Personen, die einen
kostengünstigen Business-Laptop
suchen, ohne auf wesentliche
Funktionen verzichten zu müssen.

3. Legion-Serie

Die Legion-Reihe ist speziell für Gaming und
Hochleistungsaufgaben konzipiert. Diese
Laptops sind mit den neuesten CPUs und GPUs
ausgestattet und eignen sich daher perfekt für
Gamer und Entwickler, die eine hohe
Rechenleistung benötigen. Die Legion-Serie
umfasst Funktionen wie verbesserte
Kühlsysteme, RGB-Hintergrundbeleuchtung und
Displays mit hoher Bildwiederholfrequenz, um
ein reibungsloses Spielerlebnis zu gewährleisten.

- **Hauptmerkmale**:
  ○ Leistungsstarke CPUs und diskrete
  NVIDIA GeForce RTX Grafik.
  ○ Fortschrittliche Kühlsysteme für
  nachhaltige Leistung bei intensivem
  Gaming oder kreativer Arbeit.

- ○ Displays mit hoher
  Bildwiederholfrequenz (bis zu 240
  Hz) für flüssige und
  reaktionsschnelle
  Gaming-Grafiken.
- ○ RGB-Tastatur-Hintergrundbeleucht
  ung und anpassbare
  Gaming-Profile.
- **Zielgruppe**:
  - ○ Gamer, die die beste Leistung für
    moderne Spiele benötigen.
  - ○ Kreative, die mit 3D-Rendering,
    Videobearbeitung und anderen
    ressourcenintensiven Anwendungen
    arbeiten.
  - ○ Benutzer, die eine leistungsstarke
    Maschine für Multitasking und
    anspruchsvolle Aufgaben
    benötigen.

4. ThinkPad-Serie

ThinkPads sind Lenovos
Flaggschiff-Business-Laptops, die für ihre
robuste Verarbeitungsqualität, hervorragende

Tastaturen und Sicherheit auf
Unternehmensniveau bekannt sind. Die
ThinkPad-Reihe ist zum Synonym für
Langlebigkeit und Zuverlässigkeit geworden und
ist damit die erste Wahl für
Unternehmensumgebungen und Profis, die einen
Laptop benötigen, der der intensiven täglichen
Beanspruchung standhält.

- **Hauptmerkmale**:
  - Hervorragende
    Verarbeitungsqualität mit
    MIL-STD-geprüfter Haltbarkeit.
  - Erstklassige Tastaturen mit Lenovos
    legendärem TrackPoint.
  - Sicherheitsfunktionen der
    Enterprise-Klasse, darunter
    verschlüsselte Laufwerke,
    biometrische Authentifizierung und
    eine große Auswahl an Ports.
  - Lange Akkulaufzeit und optionale
    LTE-Konnektivität für das Arbeiten
    unterwegs.
- **Zielgruppe**:

○ Unternehmensfachleute,
Führungskräfte und IT-Abteilungen
sind auf der Suche nach
zuverlässigen Business-Laptops.
○ Reisende, die einen robusten
Laptop mit langer Akkulaufzeit und
zuverlässiger Konnektivität
benötigen.
○ Benutzer, die Sicherheit und
Leistung bei ihren täglichen
Computeranforderungen
priorisieren.

5. IdeaPad-Serie

IdeaPads sind für Gelegenheitsnutzer, Studenten
und Familien konzipiert. Der Schwerpunkt
dieser Laptops liegt auf einem ausgewogenen
Verhältnis von Leistung und Preis, wobei eine
große Auswahl an Konfigurationen für
unterschiedliche Budgets verfügbar ist. IdeaPads
sind zwar nicht so funktionsreich wie ThinkPads
oder Legion-Laptops, bieten aber dennoch eine
solide Leistung für alltägliche

Computeraufgaben wie Surfen im Internet, Medienkonsum und geringe Produktivität.

- **Hauptmerkmale**:
  - ○ Erschwingliche Preise mit einer Vielzahl von Konfigurationen.
  - ○ Ausgewogene Leistung für allgemeine Computeraufgaben.
  - ○ Leichte Designs, die den Transport erleichtern.
  - ○ Ordentliche Akkulaufzeit für Gelegenheitsnutzer.
- **Zielgruppe**:
  - ○ Studenten, die für Schularbeiten einen erschwinglichen und funktionalen Laptop benötigen.
  - ○ Gelegenheitsbenutzer, die ein zuverlässiges Gerät zum Surfen, Streamen und für alltägliche Aufgaben benötigen.
  - ○ Familien, die einen Allzweck-Laptop für zu Hause suchen.

Wichtige Faktoren, die Sie beim Kauf eines Lenovo Laptops berücksichtigen sollten

Bei der Auswahl eines Lenovo-Laptops sollten mehrere Schlüsselfaktoren Ihre Entscheidung leiten. Die richtige Wahl hängt davon ab, wie Sie den Laptop nutzen möchten, von Ihrem Budget und von den spezifischen Funktionen, die Ihnen am wichtigsten sind.

1. Leistung

Die Leistung wird häufig vom Prozessor (CPU), der Grafikkarte (GPU), dem RAM und dem Speicher des Laptops bestimmt. Lenovo bietet Laptops mit den neuesten Intel- und AMD-Prozessoren sowie Optionen für separate Grafikkarten für Gamer und Entwickler.

- **Für den allgemeinen Gebrauch**: Intel Core i3/i5 oder AMD Ryzen 3/5 mit integrierter Grafik sollten ausreichen.
- **Für den professionellen Einsatz**: Entscheiden Sie sich für Intel Core i7/i9

oder AMD Ryzen 7/9 für schwerere Aufgaben wie Videobearbeitung, 3D-Rendering oder Softwareentwicklung.

- **Zum Spielen**: Suchen Sie nach Laptops mit dedizierten GPUs wie der GeForce-Serie von NVIDIA oder den Radeon-Grafikkarten von AMD.

2. Portabilität

Mobilität ist von entscheidender Bedeutung für diejenigen, die häufig reisen oder einen Laptop benötigen, den sie problemlos mitnehmen können. Gewicht, Dicke und Akkulaufzeit sind wichtige Faktoren.

- **Ultraportable Laptops** wie das ThinkPad X1 Carbon oder die Yoga-Serie sind ideal für Benutzer, die Wert auf Mobilität legen. Diese Laptops sind leicht und bieten eine lange Akkulaufzeit ohne Kompromisse bei der Leistung.
- **Schwerere Laptops** wie die Legion-Serie sind auf Leistung ausgelegt, können jedoch aufgrund leistungsstärkerer

Komponenten und größerer Bildschirme sperriger sein.

3. Design- und Verarbeitungsqualität

Lenovo bietet eine Reihe von Designs an, von hochwertigen Metallgehäusen bis hin zu preisgünstigeren Kunststoffgehäusen. Wenn Sie ein Gerät benötigen, das Verschleiß standhält, ist die ThinkPad-Serie für ihre langlebige Konstruktion bekannt, die häufig anhand militärischer Standards auf Robustheit getestet wird.

- **Für Premium-Design**: Yoga- und ThinkPad-Modelle sind oft mit hochwertigen Materialien wie Kohlefaser und Aluminium ausgestattet, was für Langlebigkeit und ein professionelles Aussehen sorgt.
- **Für preisbewusste Käufer**: IdeaPad- und ThinkBook-Modelle bieten funktionales Design mit Kunststoffgehäuse, das immer noch modern und elegant aussieht, aber zu geringeren Kosten.

31

4. Anzeigequalität

Die Qualität des Displays ist wichtig für
Aufgaben wie die Erstellung von Inhalten,
Spiele oder einfach das Ansehen von Filmen.
Lenovo bietet je nach Serie verschiedene
Auflösungen und Displaytypen an.

- **Für Kreative und Gamer**: Suchen Sie
  nach Modellen mit hochauflösenden
  Displays (1440p oder 4K) und
  Unterstützung für einen breiten Farbraum,
  wie zum Beispiel die Modelle der Yoga-
  und Legion-Serie.
- **Für den allgemeinen Gebrauch**: Ein
  1080p-Display sollte ausreichen, was
  häufig in ThinkBooks und IdeaPads zu
  finden ist.

5. Akkulaufzeit

Die Akkulaufzeit ist für diejenigen von
entscheidender Bedeutung, die unterwegs oder
über längere Zeiträume ohne Steckdose arbeiten
müssen. Laptops wie die ThinkPad X1- und

Yoga-Serien sind für ihre hervorragende Akkuleistung bekannt, die mit einer einzigen Ladung oft über 10 Stunden durchhält.

Sprechen Sie Benutzer für jede Lenovo Laptop-Serie an

Jede Lenovo-Serie wurde speziell für bestimmte Benutzergruppen entwickelt:

- **Yoga**: Ideal für Kreative, Multitasker und Profis, die Flexibilität benötigen. Durch das 2-in-1-Design eignet es sich sowohl für die Arbeit als auch für die Unterhaltung.
- **ThinkBook**: Maßgeschneidert für junge Berufstätige, Unternehmer und Kleinunternehmer, die ein Gleichgewicht zwischen Leistung und Erschwinglichkeit suchen.
- **Legion**: Richtet sich an Gamer und Hochleistungsbenutzer, die leistungsstarke Hardware für Spiele, Videobearbeitung und andere intensive Aufgaben benötigen.

- **ThinkPad**: Die erste Wahl für Geschäftsleute, Unternehmensanwender und alle, die einen zuverlässigen, langlebigen und sicheren Arbeitslaptop benötigen.
- **IdeaPad**: Ideal für Studenten, Gelegenheitsnutzer und Familien, die eine preisgünstige Option suchen, die alltägliche Computeraufgaben bewältigen kann.

Lenovo-Hardware verstehen: Im Inneren der Maschine

Lenovo-Laptops sind für ihre Leistung, Haltbarkeit und innovativen Hardwarekonfigurationen bekannt und gehören daher sowohl im Verbraucher- als auch im Geschäftsmarkt zu den beliebtesten Optionen. Während das äußere Design oft die Aufmerksamkeit auf sich zieht, definieren die internen Komponenten wie Prozessoren, RAM, GPUs und Kühlsysteme die wahre Leistungsfähigkeit dieser Maschinen. Um den

Hardware-Ansatz von Lenovo vollständig zu
verstehen, ist es wichtig, diese
Schlüsselelemente im Detail zu untersuchen, die
Integration von AI-Prozessoren und dem AI
Core-Chip durch Lenovo zu untersuchen und die
Bedeutung ihrer thermischen Lösungen und
Batterietechnologien zu verstehen.

Schlüsselkomponenten in Lenovo Laptops

Die interne Hardware eines jeden Laptops spielt
eine entscheidende Rolle bei der Bestimmung
seiner Leistung, Geschwindigkeit und Effizienz.
Bei Lenovo-Laptops werden diese Komponenten
sorgfältig ausgewählt, um den unterschiedlichen
Bedürfnissen der Benutzer gerecht zu werden,
vom Gelegenheitsbenutzer bis zum
leistungshungrigen Profi.

1. Prozessoren (CPUs)

Der Prozessor, oft auch als Gehirn des
Computers bezeichnet, übernimmt die meisten
Rechenaufgaben und bestimmt die

Geschwindigkeit und Multitasking-Fähigkeit des Laptops. Lenovo verwendet in seinen Laptop-Modellen eine Reihe von Prozessoren von Intel und AMD.

- **Intel-Prozessoren**: Viele Lenovo-Laptops, insbesondere in den Reihen ThinkPad, ThinkBook und IdeaPad, sind mit Prozessoren der Core-Serie von Intel ausgestattet. Intel bietet eine große Auswahl an Prozessoren an **Core i3** (für grundlegende Aufgaben) bis **Core i9** (für Hochleistungsaufgaben wie Spiele, 3D-Rendering und umfangreiche Datenverarbeitung). In den letzten Jahren hat Lenovo auch Intels integriert **Evo-Plattform** Dies sorgt bei bestimmten Modellen für eine bessere Akkulaufzeit, Reaktionsfähigkeit und erweiterte KI-Funktionen.
- **AMD-Prozessoren**: Lenovo setzt zunehmend auf die Ryzen-Prozessoren von AMD, die aufgrund ihrer außergewöhnlichen

Multi-Thread-Leistung und wettbewerbsfähigen Preise an Popularität gewonnen haben. Laptops mit **AMD Ryzen 5** Und **Ryzen 7** Prozessoren bieten ihren Intel-Pendants starke Konkurrenz, insbesondere bei Multitasking und kreativen Aufgaben wie der Videobearbeitung.

- **Zielverwendung**:
    - **Grundlegende Aufgaben** (Webbrowsen, leichte Dokumentbearbeitung): Intel Core i3, AMD Ryzen 3.
    - **Alltagsgebrauch** (Multitasking, Produktivität, Unterhaltung): Intel Core i5, AMD Ryzen 5.
    - **Schwere Beanspruchung** (Gaming, Content-Erstellung, professionelle Software): Intel Core i7/i9, AMD Ryzen 7/9.

2. Grafikprozessoren (GPUs)

Die GPU spielt eine wichtige Rolle beim Rendern von Grafiken, insbesondere für Spiele, kreative Software und die Verarbeitung großer Datenmengen. Je nach Laptop-Modell bietet Lenovo sowohl integrierte als auch dedizierte GPU-Optionen an.

- **Integrierte Grafik**: Viele Lenovo-Laptops, insbesondere solche, die auf allgemeine Produktivität ausgerichtet sind, verfügen über integrierte Grafiken, z **Intel Iris Xe** oder **AMD Radeon** integrierte Lösungen. Während die integrierte Grafik für grundlegende Aufgaben und sogar leichte Fotobearbeitung oder Gelegenheitsspiele ausreicht, ist sie für ressourcenintensive Anwendungen wie moderne AAA-Spiele oder 3D-Modellierung nicht ideal.
- **Dedizierte Grafiken**: Für Benutzer, die mehr Grafikleistung benötigen, bietet Lenovo Modelle mit dedizierten GPUs an, z **NVIDIA GeForce GTX** oder **RTX** in ihrer Legion und ausgewählten ThinkPad-Modellen. NVIDIAs **RTX Serie** ist vor allem für seine

Raytracing-Technologie und KI-gestützte Leistung bekannt und eignet sich daher perfekt für Gaming- und Kreativprofis, die mehr Leistung für Aufgaben wie 3D-Rendering, Videobearbeitung und Deep Learning benötigen.

- **Zielverwendung**:
  - **Basisbenutzer**: Integrierte Intel UHD oder Iris Xe, integrierte AMD Radeon-Grafik.
  - **Kreative Profis und Gamer**: NVIDIA GeForce GTX/RTX oder AMD Radeon RX.

3. RAM (Random Access Memory)

RAM ist entscheidend für Multitasking und die reibungslose Ausführung von Anwendungen. Lenovo-Laptops sind in der Regel mit verschiedenen RAM-Konfigurationen ausgestattet, sodass Benutzer je nach Bedarf eine Auswahl treffen können.

- **Typische Konfigurationen**: Lenovo-Laptops beginnen oft mit **4 GB**

oder 8 GB RAM für Modelle der unteren Preisklasse und erweiterbar auf bis zu **16 GB oder 32 GB** in Hochleistungsmodellen wie der Legion- oder ThinkPad-P-Serie. RAM ist besonders wichtig für Benutzer, die mit großen Dateien arbeiten, mehrere Anwendungen gleichzeitig ausführen oder speicherintensive Software verwenden.

- **Zielverwendung**:
  - **Leichte Aufgaben**: 4 GB – 8 GB RAM.
  - **Alltägliches Multitasking und Produktivität**: 8 GB – 16 GB RAM.
  - **Schwere Beanspruchung und professionelle Anwendungen**: 16 GB – 32 GB RAM.

4. Speicher (SSD vs. HDD)

Die Speichertechnologie hat sich erheblich weiterentwickelt, wobei sich Lenovo-Laptops vor allem in diese Richtung entwickelt haben **Solid-State-Laufwerke (SSD)**, die schnellere

Lese- und Schreibgeschwindigkeiten bieten, Laptops reaktionsschneller machen und die Startzeiten verbessern.

- **SSD**: Die meisten Lenovo-Modelle werden mit geliefert **NVMe-SSDs**, die viel schneller sind als herkömmliche Festplatten (HDD). Sie ermöglichen schnellere Dateiübertragungen, schnellere Systemstarts und nahtlosere Anwendungsstarts. Die Größen reichen von **256 GB** Zu **1 TB** oder mehr, je nach Laptop.
- **Festplatte**: Lenovo schließt gelegentlich ein **Festplatten** in ihren Low-End-Modellen oder als sekundäre Laufwerke in einigen Legion- oder Workstation-Modellen für Benutzer, die große Speicherkapazität zu einem niedrigeren Preis benötigen, aber im Vergleich zu SSDs langsamer sind.
- **Zielverwendung**:
  - **Alltägliche Benutzer**: 256 GB – 512 GB SSD.

- ○ **Gamer und Kreative**: 512 GB – 1 TB SSD.
- ○ **Speicherintensive Arbeitslasten**: Festplatte als sekundäre Option.

Lenovos Einsatz von KI-Prozessoren und Lenovo AI Core Chip

KI (Künstliche Intelligenz) wird zunehmend zu einem wesentlichen Bestandteil moderner Laptops, wobei Lenovo mit der Integration eine Vorreiterrolle spielt **KI-Prozessoren** und die **Lenovo AI Core-Chip** in mehrere Modelle. Diese Technologien verleihen dem Gerät intelligente Funktionen, die sowohl das Benutzererlebnis als auch die Leistung verbessern.

- **Lenovo AI Core**: Dies ist der KI-fokussierte Chip von Lenovo, der die Systemsicherheit erhöht, den Stromverbrauch verwaltet und die Leistung dynamisch optimiert. Der AI Core analysiert das Benutzerverhalten, um

vorherzusagen, welche Anwendungen
mehr Rechenleistung benötigen, und passt
die CPU- und GPU-Ressourcen
entsprechend an. Dies führt zu einer
besseren Effizienz, reibungsloserem
Multitasking und einer längeren
Akkulaufzeit. Darüber hinaus bietet der
AI Core Sicherheit auf Hardwareebene
und schützt das System vor Angriffen auf
Firmwareebene.

- **KI-erweiterte Funktionen**:
  - **Leistungsoptimierung**:
    KI-Algorithmen in Lenovo Laptops
    können Systemressourcen
    automatisch zuweisen, um eine
    optimale Leistung basierend auf der
    Echtzeitnutzung sicherzustellen.
  - **Batterielebensdauer-Management**
    : KI hilft dabei, den Akku zu
    schonen, indem sie die
    Bildschirmhelligkeit, die
    CPU-Auslastung und die
    Kühlsysteme dynamisch anpasst,

um die Nutzungsdauer zu
verlängern.

- ○ **Sicherheit**: Der AI Core-Chip fügt
  eine weitere Sicherheitsebene hinzu
  und schützt sensible Daten, indem
  er kritische Aufgaben von
  potenziellen Bedrohungen isoliert.

Thermische Lösungen und Batterielebensdauer-Technologie

Eine effiziente Kühlung und eine lange
Akkulaufzeit sind für die Leistung eines Laptops
von entscheidender Bedeutung, insbesondere für
Benutzer, die intensive Aufgaben wie Spiele
oder die Erstellung von Inhalten ausführen.
Lenovo hat stark in die Entwicklung effektiver
thermischer Lösungen und fortschrittlicher
Batterietechnologien investiert.

1. Thermische Lösungen

Die Wärmekontrolle ist bei Laptops von
entscheidender Bedeutung, insbesondere bei
Hochleistungsmodellen wie der

Legion-Gaming-Serie oder ThinkPad-Workstations. Lenovo hat eine Reihe von Kühltechnologien entwickelt, um sicherzustellen, dass seine Laptops unter Last optimale Temperaturen behalten.

- **Legion Coldfront-Technologie**: Die für Spiele konzipierte Legion-Serie verwendet **Kaltfront 4.0**, das aus Doppellüftersystemen, Dampfkammern und strategisch platzierten Kühlkörpern besteht. Dadurch bleibt der Laptop auch bei längeren Gaming-Sessions kühl.
- **ThinkPad-Kühlsysteme**: Geschäftsanwender fordern ihre Laptops vielleicht nicht so extrem wie Gamer, aber Lenovo hat Kühlsysteme entwickelt, die dafür sorgen, dass ThinkPads auch bei intensivem Multitasking oder intensiver Softwarenutzung kühl bleiben.

2. Batterielebensdauer-Technologie

Die Akkutechnologie von Lenovo ist ebenso fortschrittlich und wird von vielen Modellen

unterstützt **Schnellladung** Technologie, die es
Benutzern ermöglicht, ihren Laptop schnell
aufzuladen. ThinkPad-Modelle beispielsweise
können dank dieser Technologie oft in nur einer
Stunde bis zu 80 % aufgeladen werden.

- **Energieverwaltung**: Lenovo Laptops
  verwenden KI-basierte
  Energieverwaltungssysteme, die
  Benutzergewohnheiten lernen und die
  Stromverteilung für die bestmögliche
  Akkulaufzeit optimieren.
- **Mehrere Batterieoptionen**: Viele
  Lenovo-Laptops bieten Konfigurationen
  mit beidem **Standard- oder verlängerte
  Akkulaufzeit**, abhängig von den
  Benutzeranforderungen. Einige ThinkPads
  bieten beispielsweise eine Nutzungsdauer
  von bis zu 15 bis 20 Stunden mit einer
  einzigen Ladung.

Entpacken des Software-Ökosyste ms von Lenovo

Beim Kauf eines Lenovo Laptops ist es nicht nur die Hardware, die das Erlebnis bestimmt. Lenovo hat ein umfassendes Software-Ökosystem aufgebaut, um die Funktionalität, Leistung und Benutzerfreundlichkeit seiner Laptops zu verbessern. Dieses System ist besonders nützlich, um den Systemzustand zu verwalten, die Maschine auf dem neuesten Stand zu halten, die Sicherheit zu erhöhen und sogar KI-gestützte Funktionen bereitzustellen, um das Benutzererlebnis zu optimieren. Werfen wir einen detaillierten Blick auf die von Lenovo vorinstallierte Software, die Rolle von Lenovo Vantage und die Integration KI-gesteuerter Funktionen.

Vorinstallierte Software und Dienste auf Lenovo Laptops

Die meisten Lenovo-Laptops werden mit einer Reihe vorinstallierter Software und Dienste geliefert, die speziell darauf ausgelegt sind, Benutzern zusätzliche Funktionalität zu bieten. Während einige Benutzer diese zunächst als „Bloatware" betrachten, bieten die meisten dieser Anwendungen wichtige Tools zur Wartung des Systems, zur Verbesserung der Produktivität oder zur Bereitstellung erweiterten Supports.

1. Lenovo Vantage

Lenovo Vantage ist das Kronjuwel des vorinstallierten Software-Ökosystems von Lenovo. Als All-in-one-Systemverwaltungstool konzipiert, ermöglicht es Benutzern, die Leistung ihrer Maschine zu optimieren,

Hardwarekomponenten zu verwalten und mit Sicherheitspatches auf dem Laufenden zu bleiben.

- **Systemoptimierung**: Eine der nützlichsten Funktionen von Vantage ist die Möglichkeit, Treiber und BIOS automatisch auf dem neuesten Stand zu halten. Da Hardware-Updates im Hintergrund durchgeführt werden, bleibt der Laptop ohne großen Benutzereingriff optimiert. Benutzer können auch die Leistung ihres Laptops feinabstimmen und je nach Bedarf zwischen Leistungs- und Batteriesparmodus wechseln.
- **Gesundheitsüberwachung**: Vantage bietet Benutzern eine Systemzustandsdiagnose in Echtzeit. Es überprüft den Status kritischer Komponenten wie CPU, RAM, Akku und Speicherlaufwerke und macht Benutzer auf potenzielle Probleme aufmerksam, bevor diese zu größeren Problemen werden.

- **Anpassung**: Vantage bietet Benutzern die Möglichkeit, verschiedene Funktionen ihrer Laptops anzupassen. Es ermöglicht beispielsweise die Anpassung der Tastaturbeleuchtung, Einstellungen der Touchpad-Empfindlichkeit oder sogar die Verwaltung angeschlossener Geräte wie Drucker und externe Displays.

2. Lenovo Migrationsassistent

Lenovo bietet außerdem Tools an, die Benutzern den Umstieg von ihren alten Laptops auf ihr neues Lenovo-Gerät erleichtern. Der **Lenovo Migrationsassistent** wurde entwickelt, um Dateien, Einstellungen und Anwendungen nahtlos von einem älteren Computer auf einen neuen Lenovo Laptop zu übertragen, ohne dass externe Laufwerke oder manuelle Prozesse erforderlich sind. Diese Software kann zwei Geräte über ein Wi-Fi-Netzwerk verbinden und so den ansonsten langwierigen Übertragungsvorgang beschleunigen.

3. Lenovo Smart Performance

Einige Lenovo-Laptops werden mit geliefert
Intelligente Leistungsdienste, die zur
Aufrechterhaltung der Systemgesundheit
beitragen, indem sie Systemprobleme
automatisch erkennen und beheben. Dieses Tool
kann unnötige Dateien entfernen, die
Systemstartzeiten verlängern und kleinere
Leistungsprobleme beheben. Smart Performance
konzentriert sich darauf, den reibungslosen
Betrieb Ihrer Maschine zu gewährleisten und
häufige Verlangsamungen oder Fehler zu
beheben, die im Laufe der Zeit auftreten können.

4. Lenovo Commercial Vantage

Für Geschäftsanwender führt Lenovo eine
Vorinstallation durch **Kommerzieller Vorteil**
auf vielen seiner ThinkPad- und
ThinkBook-Modelle. Diese Software hilft bei
der Verwaltung geschäftsspezifischer Funktionen
wie Sicherheitsoptionen der Enterprise-Klasse,
Hardware-Verschlüsselungseinstellungen und
Fernverwaltungsfunktionen. IT-Administratoren
können dieses Tool auch verwenden, um

Systeme für ein ganzes Büro oder eine ganze
Abteilung aus der Ferne zu konfigurieren.

Lenovo Vantage: Umfassende Systemverwaltung

Lenovo Vantage verdient aufgrund seiner breiten
Palette an Funktionen, die das
Lenovo-Laptop-Erlebnis verbessern sollen, eine
weitere Erkundung. Wie bereits erwähnt, ist
diese Software für viele Lenovo-Geräte von
zentraler Bedeutung und bietet Benutzern einen
zentralen Ort, an dem sie alles verwalten
können, was mit der Hardware, Sicherheit und
Leistung ihres Laptops zu tun hat.

1. Treiber- und Firmware-Updates

Die Aktualisierung der Treiber und Firmware
Ihres Laptops ist für optimale Leistung,
Sicherheit und Kompatibilität mit
Peripheriegeräten oder neuer Software von
entscheidender Bedeutung. Lenovo Vantage
automatisiert diesen Prozess, indem es Benutzer
benachrichtigt, wenn Updates verfügbar sind,

oder diese sogar im Hintergrund anwendet. Dadurch wird sichergestellt, dass das System sicher und mit den neuesten Technologien kompatibel bleibt, ohne dass manuelle Eingriffe erforderlich sind.

2. Energie- und Leistungsmanagement

Lenovo Vantage verfügt über detaillierte Energieverwaltungseinstellungen, mit denen Benutzer je nach aktuellem Bedarf zwischen verschiedenen Leistungsmodi wechseln können. Zum Beispiel, **Batteriesparmodus** kann während der Fahrt aktiviert werden, um die Akkulaufzeit zu maximieren **Leistungsmodus** kann aktiviert werden, wenn anspruchsvolle Anwendungen wie Spiele oder Videobearbeitungssoftware ausgeführt werden. Diese anpassbaren Einstellungen geben Benutzern die Kontrolle darüber, wie viel Strom ihr Laptop verbraucht.

3. Sicherheitscenter

Eine weitere wichtige Komponente von Lenovo Vantage ist die **Sicherheitscenter**, das Funktionen wie enthält **Wi-Fi-Sicherheit, Lenovo Enhanced Privacy Guard**, Und **Kamera-Privatsphäremodus**. Diese Tools tragen dazu bei, Benutzer vor häufigen Cybersicherheitsbedrohungen zu schützen, indem sie zusätzliche Sicherheitsebenen hinzufügen, wie z. B. die automatische Deaktivierung nicht vertrauenswürdiger WLAN-Verbindungen oder die Sicherstellung, dass die Kamera nicht ohne Zustimmung aktiviert wird.

4. Audio- und Display-Anpassung

Benutzer können ihre Anzeigeeinstellungen und Audioprofile auch direkt über Vantage verwalten. Es unterstützt beispielsweise die Farbkalibrierung für Benutzer, die in kreativen Bereichen arbeiten, und ermöglicht ihnen so die Anpassung von Farbprofilen an unterschiedliche Lichtumgebungen. Audioeinstellungen können für verschiedene Aufgaben angepasst werden, unabhängig davon, ob Benutzer Musik hören,

Videokonferenzen durchführen oder Filme ansehen.

KI-gesteuerte Funktionen in Lenovo Laptops

Eine der neueren Ergänzungen zum Software-Ökosystem von Lenovo ist die Integration von **KI-gesteuerte Funktionen**, insbesondere in Form der **Lenovo AI Core-Chip**. Diese Funktionen nutzen maschinelle Lernalgorithmen, um die Leistung zu verbessern, den Energieverbrauch zu optimieren und das Benutzererlebnis zu verbessern.

1. KI-Leistungsoptimierung

Der AI Core-Chip analysiert das Benutzerverhalten in Echtzeit, um vorherzusagen, welche Anwendungen oder Aufgaben mehr Rechenleistung benötigen, und passt die Systemressourcen dynamisch entsprechend an. Wenn ein Benutzer beispielsweise ein grafikintensives Programm ausführt, weist der AI Core der GPU und der CPU mehr Ressourcen zu und sorgt so für einen reibungslosen Ablauf der Anwendung, ohne dass manuelle Anpassungen erforderlich sind.

2. KI-gestütztes Batteriemanagement

Die Akkulaufzeit ist für mobile Benutzer von entscheidender Bedeutung, und die KI-gesteuerte Software von Lenovo steigert die Akkueffizienz, indem sie Nutzungsmuster lernt. Wenn der Laptop beispielsweise erkennt, dass ein Benutzer normalerweise längere Zeit wenig nutzt, reduziert er den Stromverbrauch, indem er den Bildschirm dimmt und die Systemressourcen effizienter verwaltet. Ebenso lernt die KI, wann der Benutzer wahrscheinlich eine höhere Leistung benötigt, und bereitet das System darauf vor, diese bereitzustellen.

3. Intelligentes Kühlsystem

Überhitzung kann eine Reihe von Problemen verursachen, von Leistungseinbußen bis hin zu Hardwareschäden. Lenovo-Laptops, die mit

KI-gesteuerten Kühlsystemen ausgestattet sind,
regulieren die Lüftergeschwindigkeit und die
Wärmeprofile intelligent auf der Grundlage von
Echtzeit-Temperaturmesswerten und
Arbeitslastanforderungen. Dies führt zu einem
leiseren Betrieb bei leichten Aufgaben und einer
aggressiveren Kühlung, wenn das System unter
hoher Last steht.

4. Intelligente Gesichtserkennung und KI-Sicherheit

Lenovo hat KI-gesteuert integriert
Gesichtserkennung Technologie in einige
seiner Laptop-Modelle integriert, was schnelle
und sichere Anmeldungen ermöglicht. Diese
Funktion ist besonders nützlich in Umgebungen,
in denen Geschwindigkeit und Sicherheit
Priorität haben. Darüber hinaus nutzen einige
Modelle KI-basierte Sicherheitsverbesserungen,
wie etwa die automatische Sperrung, wenn der
Benutzer den Laptop verlässt, und die
Echtzeitüberwachung auf ungewöhnliche
Verhaltensweisen, die auf Malware hinweisen
könnten.

Yoga-Serie: Flexibilität trifft auf Leistung

Die Lenovo Yoga-Serie ist zu einem festen Bestandteil für Benutzer geworden, die Vielseitigkeit, Leistung und modernste Technologie in einem einzigen Gerät suchen. Diese Laptops sind für ihre 2-in-1-Funktionalität bekannt, bei der sich ein Laptop in ein Tablet verwandelt und so Flexibilität in den Anwendungsfällen bietet. Die Yoga-Serie hat erfolgreich Funktionen wie Touchscreens, Stiftunterstützung und künstliche Intelligenz integriert, um Profis gerecht zu werden, die Wert auf kreative Freiheit und Produktivität legen. Eines der herausragenden Modelle, das **Yoga**

Pro 9i, verkörpert diese Kombination aus Flexibilität und Leistung und macht es zur idealen Wahl für ein breites Spektrum von Benutzern, von Designern und Inhaltserstellern bis hin zu Studenten und Multitaskern.

Lenovo Yoga-Modelle: Ein genauerer Blick

1. Yoga Pro 9i

Der **Yoga Pro 9i** ist wohl eines der beeindruckendsten Modelle von Lenovo innerhalb der Yoga-Reihe und repräsentiert eine Mischung aus High-End-Leistung mit einem schlanken und wandelbaren Design. Dieses Modell wurde für diejenigen entwickelt, die Leistung benötigen, und verfügt über erstklassige Spezifikationen wie die neuesten Prozessoren von Intel (bis zu i9) und NVIDIA GeForce RTX Grafiken und erweiterte Anzeigeoptionen, die ideal für Kreativprofis sind.

- **Anzeigequalität**: Das Pro 9i bietet ein bis zu 4K-OLED-Display, das für lebendige Farben und tiefe Schwarztöne sorgt – perfekt für Digitalkünstler, Fotografen und Videobearbeiter, die eine präzise Farbgenauigkeit benötigen. Die hohe Bildwiederholfrequenz kommt auch denjenigen zugute, die grafikintensive Arbeiten oder sogar Spiele betreiben.
- **Macht unter der Haube**: Mit Konfigurationen, die bis zu 32 GB RAM und Hochgeschwindigkeits-PCIe-SSD-Speicher ermöglichen, ist das Yoga Pro 9i darauf ausgelegt, intensive Arbeitslasten zu bewältigen, ohne ins Schwitzen zu geraten. Die Einbindung von NVIDIA RTX Grafiken ermöglichen es Benutzern, 3D-Modelle zu rendern, mit großen Datensätzen zu arbeiten oder 4K-Videos effizient zu bearbeiten.
- **2-in-1-Funktionalität**: Was diesen Laptop von herkömmlichen Klappmodellen unterscheidet, ist sein umwandelbarer

Charakter. Das Yoga Pro 9i kann nahtlos zwischen dem Laptop-Modus für Standardarbeiten, dem Zeltmodus für Präsentationen, dem Standmodus für den Medienkonsum und dem Tablet-Modus zum Zeichnen oder Notieren mit dem Lenovo Precision Pen wechseln.

2. Yoga 7i

Der **Yoga 7i** richtet sich an ein breiteres Publikum und bietet Premium-Funktionen zu einem günstigeren Preis. Obwohl es nicht an die Leistung des Yoga Pro 9i herankommt, ist es dennoch gut für Benutzer geeignet, die ein hohes Maß an Vielseitigkeit benötigen, ohne Komponenten auf Workstation-Niveau zu benötigen.

- **Leistung**: Das Yoga 7i wird von Intel Core i5- oder i7-Prozessoren mit integrierter Intel Iris Xe-Grafik angetrieben. Diese Konfiguration ist ideal für tägliche Produktivitätsaufgaben, leichte Inhaltserstellung und Multitasking.

Es ist eine ausgezeichnete Wahl für
Studenten oder Berufstätige, die ein Gerät
suchen, das Präsentationen, leichte
Fotobearbeitung und Videokonferenzen
bewältigen kann.

- **Portabilität**: Eines der Highlights des
  Yoga 7i ist seine Portabilität. Mit einem
  Gewicht von etwa 3,2 Pfund und einem
  dünnen Profil ist es äußerst tragbar, ohne
  Einbußen bei der Leistung hinnehmen zu
  müssen. Die ganztägige Akkulaufzeit, die
  mit einer einzigen Ladung bis zu 13
  Stunden dauern kann, sorgt für
  zusätzlichen Komfort für alle, die ständig
  unterwegs sind.

3. Yoga Slim 7i Carbon

Für diejenigen, die Portabilität über alles andere
legen, ist die **Yoga Slim 7i Carbon** bietet ein
federleichtes, ultradünnes Design ohne
Kompromisse bei der Leistung. Das Slim 7i
Carbon wurde speziell für Profis und
Vielreisende entwickelt und wiegt weniger als 1

kg, was es zu einem der leichtesten Laptops auf dem Markt macht.

- **Haltbarkeit**: Trotz seines leichten Rahmens sorgt die Kohlefaserkonstruktion des Laptops für Langlebigkeit und widersteht Abnutzungserscheinungen, die häufig mit häufigen Reisen einhergehen.
- **Akkulaufzeit und Energieeffizienz**: Dank der stromsparenden Prozessoren von Intel und der intelligenten Energiesparfunktionen von Lenovo bietet es eine außergewöhnliche Akkulaufzeit. Die adaptive Leistung des Geräts, die sich an die Bedürfnisse des Benutzers anpasst, trägt dazu bei, bei leichten Aufgaben Strom zu sparen und optimiert ihn für schwerere Anwendungen wie die Fotobearbeitung.

Hauptmerkmale der Yoga-Serie

Bei der Yoga-Serie geht es nicht nur um die Leistung auf dem Papier, sondern auch darum, wie Design und Funktionen auf unterschiedliche

Benutzertypen zugeschnitten sind. Durch die
Kombination aus Funktionalität, Ästhetik und
Technologie heben sich diese Laptops von der
Konkurrenz ab.

1. 2-in-1-Funktionalität

Ein Kernmerkmal der Yoga-Linie ist
360-Grad-Scharnier, was mehrere
Nutzungsmodi ermöglicht. Diese Flexibilität
bietet Benutzern je nach ihren spezifischen
Anforderungen vielfältige Möglichkeiten, mit
dem Gerät zu interagieren.

- **Laptop-Mode**: Ideal zum Tippen, Surfen
  und Produktivitätsarbeiten.
- **Zeltmodus**: Praktisch für Präsentationen
  oder das Ansehen von Videos,
  insbesondere in kleinen Räumen.
- **Standmodus**: Perfekt für Medienkonsum
  oder interaktive Anwendungen.
- **Tablet-Modus**: Mit einem
  reaktionsschnellen Touchscreen und
  Stiftunterstützung glänzt dieser Modus für
  Künstler, Designer und Notizenmacher.

2. Touchscreens und Stiftintegration

Die meisten Yoga-Modelle verfügen über diese Funktion **Touchscreen-Displays** und sind kompatibel mit dem **Lenovo Präzisionsstift**, was sie zu einem idealen Werkzeug für Kreative macht. Ob Sie skizzieren, Dokumente kommentieren oder Notizen machen, der Stift bietet eine neue Ebene der Interaktion mit dem Gerät. Die Reaktionsfähigkeit und Genauigkeit der Touch-Eingabe zeichnen diese Laptops für Benutzer in designbezogenen Bereichen aus.

3. KI-Integration

Lenovo hat erheblich in die Integration künstlicher Intelligenz in alle seine Geräte investiert, und die Yoga-Serie bildet da keine Ausnahme.

- **KI-gestützte Leistung**: Laptops wie das Yoga Pro 9i werden mit Lenovos geliefert **KI-Kern** Technologie, die Leistung und Leistung an die Benutzergewohnheiten anpasst. Das bedeutet, dass der Laptop die

Ressourcen intelligent den Aufgaben zuweist, an denen Sie gerade arbeiten, was dazu beiträgt, die Akkulaufzeit zu verlängern und unnötige Wärmeentwicklung zu reduzieren.

- **KI-Geräuschunterdrückung**: Für Remote-Mitarbeiter oder häufige Benutzer von Videoanrufen helfen KI-gesteuerte Geräuschunterdrückungsfunktionen dabei, Hintergrundgeräusche herauszufiltern und so für einen klareren Ton während Anrufen zu sorgen.

Wer sollte die Lenovo Yoga-Serie nutzen?

Aufgrund ihrer Vielseitigkeit ist die Yoga-Serie für ein breites Spektrum von Benutzern geeignet, es gibt jedoch bestimmte Gruppen, die ihre Vorteile maximieren können:

1. Kreativprofis

Die Yoga-Serie, insbesondere Modelle wie das Yoga Pro 9i, sind dafür konzipiert

Grafikdesigner, **Fotografen**, **Video-Editoren**, Und **Illustratoren**. Die hochauflösenden, farbgenauen Bildschirme bieten in Kombination mit der Stiftunterstützung und leistungsstarken internen Komponenten eine tragbare Workstation, die ihren anspruchsvollen Arbeitsabläufen gerecht wird.

2. Multitasker und Büroangestellte

Für diejenigen, die mehrere Aufgaben gleichzeitig bewältigen müssen, bietet die Yoga-Serie die nötige Flexibilität und Leistung, um mit vollen Terminkalendern Schritt zu halten. Durch die Möglichkeit, zwischen den Modi zu wechseln, können Benutzer das Gerät an jede Aufgabe anpassen, sei es das Schreiben von Berichten, das Führen von Videoanrufen oder das Präsentieren vor Kunden.

3. Studenten

Für Studenten, die ein Gerät zum Notieren, Erledigen von Aufgaben und Ansehen von Vorlesungen benötigen, bietet die Yoga-Serie die perfekte Kombination aus Mobilität, Akkulaufzeit und Funktionalität. Modelle wie das Yoga 7i bieten eine hervorragende Gesamtleistung zu einem günstigeren Preis.

ThinkPad- und ThinkBook-Serien: Gebaut für Unternehmen

Der **ThinkPad** Und **ThinkBook** Die Serie von Lenovo ist seit langem ein Synonym für geschäftliche Produktivität, Zuverlässigkeit und Langlebigkeit. Während das ThinkPad zu einem festen Bestandteil in Unternehmensumgebungen geworden ist und auf eine jahrzehntelange Tradition zurückblickt, handelt es sich bei der ThinkBook-Reihe um eine neuere Ergänzung, die sich an kleine und mittlere Unternehmen richtet und eine Balance zwischen modernem

Design und professioneller Leistung bietet.
Beide Produktlinien sind für
Unternehmensanwender konzipiert und
konzentrieren sich auf Sicherheit, Langlebigkeit
und die Anwendungen, die für den Erfolg in der
Geschäftswelt erforderlich sind.

Weiterentwicklung der ThinkPad-Reihe: Ein Erbe der Business Excellence

Der **ThinkPad** Die Ursprünge der Serie gehen
auf IBM zurück, mit der Veröffentlichung des
ersten ThinkPad im Jahr **1992**. Seitdem hat es
sich zu einer der vertrauenswürdigsten Marken
auf dem Markt für Business-Laptops entwickelt.
Bekannt für seine Langlebigkeit, Zuverlässigkeit
und sein minimalistisches Design, wurde das
ThinkPad schnell zur ersten Wahl für Profis, die
ein Gerät benötigten, das anspruchsvolle
Aufgaben in Unternehmensumgebungen
bewältigen kann.

Das Ikonische **TrackPoint** (der rote Punkt in der
Mitte der Tastatur), robuste

Verarbeitungsqualität und spritzwassergeschützte Tastaturen wurden zu Markenzeichen der Marke ThinkPad. Auch nachdem Lenovo 2005 die Personal-Computing-Sparte von IBM übernommen hatte, blieb das Erbe des ThinkPad bestehen. Lenovo legte den gleichen Wert auf Qualität und Innovation und verbesserte gleichzeitig die Hardware-Spezifikationen, was das ThinkPad zu einem der bekanntesten Business-Laptops weltweit machte.

- **ThinkPad X1 Carbon**: Ein zentrales Modell in der ThinkPad-Evolution, das **X1 Carbon** führte eine ultraleichte Kohlefaserkonstruktion mit erweiterten Funktionen wie verlängerter Akkulaufzeit, Sicherheitsverbesserungen und High-End-Leistung ein. Dieses Modell ist insbesondere in den neueren Generationen aufgrund seiner Portabilität ohne Einbußen bei der Leistung eines der am meisten empfohlenen Ultrabooks für Geschäftsanwender.

Einführung in die ThinkBook-Reihe: Ein moderner Geschäftsansatz

Während sich das ThinkPad eher an traditionelle Unternehmensanwender richtet, hat Lenovo das eingeführt **ThinkBook** Serie im Jahr 2019, um eine jüngere, moderne Belegschaft anzusprechen, darunter kleine und mittlere Unternehmen (KMU) und unternehmerisch denkende Nutzer. ThinkBooks wurden entwickelt, um eine Mischung aus professioneller Leistung mit verbraucherfreundlichen Designelementen wie schlanken Formfaktoren und Oberflächen aus gebürstetem Metall zu bieten.

ThinkBooks sind etwas weniger robust als ThinkPads, bieten aber dennoch Business-Class-Funktionen wie z **Sicherheit auf Unternehmensniveau**, **verbesserte Tools für die Zusammenarbeit**, Und **energieeffiziente Prozessoren**. Mit diesen Modellen zielt Lenovo darauf ab, Unternehmen anzusprechen, die erschwinglichere Optionen benötigen, ohne dabei auf wesentliche Geschäftsfunktionen verzichten zu müssen.

Konzentrieren Sie sich auf Sicherheit, Haltbarkeit und Geschäftsanwendungen

Sowohl die ThinkPad- als auch die ThinkBook-Serie legen Wert auf Funktionen, die Sicherheit, Haltbarkeit und Produktivität verbessern und sie ideal für den geschäftlichen Einsatz machen.

1. Sicherheitsfunktionen

- **ThinkPad-Sicherheit**: ThinkPads sind für ihre erstklassigen Sicherheitsfunktionen bekannt. Sie sind oft ausgestattet mit **TPM (Trusted Platform Module)** Chips für die Verschlüsselung auf Hardwareebene, **biometrische Authentifizierung** wie Fingerabdruckleser und optional **IR-Kameras** zur Gesichtserkennung über Windows Hello. Darüber hinaus verfügen

ThinkPad-Modelle häufig darüber
Sichtschutzrollläden für die Webcam und
Optionen für **Selbstheilendes BIOS**, um
die Datenintegrität auch nach
Firmware-Problemen sicherzustellen.

- **ThinkBook-Sicherheit**: Die
ThinkBook-Serie ist zwar im Allgemeinen
günstiger als die ThinkPad-Reihe, bietet
aber dennoch robuste Sicherheit.
ThinkBooks sind ebenfalls verfügbar
**TPM 2.0-Chips, Fingerabdruckleser im
Power-Button integriert**und
Webcam-Fensterläden. Mit diesen
Funktionen können kleine Unternehmen
von demselben Datenschutzniveau
profitieren, das auch bei
Premium-Unternehmenslaptops zu finden
ist.

2. Haltbarkeit

- **ThinkPad-Haltbarkeit**: ThinkPads haben
den Ruf, nahezu unzerstörbar zu sein.
Diese Laptops durchlaufen
MIL-STD-810G-Militärtests, um

sicherzustellen, dass sie rauen Umgebungen, Temperaturschwankungen und versehentlichem Herunterfallen standhalten. Ihre spritzwassergeschützten Tastaturen und das robuste Gehäuse machen sie zu einem Favoriten für Profis, die unterwegs ein zuverlässiges Gerät benötigen.

- **ThinkBook-Haltbarkeit**: Obwohl ThinkBooks eleganter und leichter sind, weisen sie dennoch ein respektables Maß an Haltbarkeit auf. Die meisten ThinkBooks sind **Aluminium oder metallverkleidet**, bietet ein erstklassiges Gefühl und guten Schutz vor alltäglicher Abnutzung. Sie werden außerdem einer Reihe von Haltbarkeitstests unterzogen, um die Zuverlässigkeit sicherzustellen.

3. Geschäftsanwendungen

- **ThinkPad-Business-Tools**: Auf ThinkPads ist oft geschäftsorientierte Software vorinstalliert, z **Lenovo Vantage**, ein leistungsstarkes Tool, das

Benutzern bei der Verwaltung von Systemaktualisierungen, Sicherheitsfunktionen und Energieeinstellungen hilft. Darüber hinaus sind viele Modelle mit ausgestattet **Thunderbolt 4** Ports, die schnelle Datenübertragungen und die Unterstützung mehrerer externer Displays ermöglichen – unerlässlich für Profis in datenintensiven Bereichen.

- **ThinkBook-Business-Tools**: ThinkBooks sind auch auf Produktivität ausgerichtet und bieten Software wie **Lenovo Commercial Vantage**, wodurch Benutzer die Kontrolle über die Systemeinstellungen haben. Die Modelle sind typischerweise ausgestattet **USB-C** Anschlüsse für schnelles Laden und Datenübertragung, und einige Modelle sind sogar mit ausgestattet **Dual-SSD-Optionen** für zusätzliche Speicherflexibilität.

Rezensionen von ThinkBook 13x Gen 4 und anderen bemerkenswerten Modellen

ThinkBook 13x Gen 4

Der **ThinkBook 13x Gen 4** ist ein herausragendes Modell der ThinkBook-Serie und bietet ein schlankes, modernes Design mit genügend Leistung, um Geschäftsanwender anzusprechen, die sowohl Wert auf Ästhetik als auch Leistung legen.

- **Anzeige**: Das 13x Gen 4 verfügt über einen 13,3-Zoll **WQXGA (2560 x 1600)** Display und bietet gestochen scharfe Bilder und hervorragende Farbgenauigkeit. Dadurch eignet es sich nicht nur für Büroaufgaben, sondern auch für leichte kreative Arbeiten wie Grafikdesign.
- **Leistung**: Unterstützt von Intel **Core-Prozessoren der 12. Generation**kann das ThinkBook 13x anspruchsvolle Arbeitslasten bewältigen,

darunter Multitasking mit großen Excel-Tabellen, Surfen und Videoanrufe. Mit **16 GB RAM** und schnell **SSD-Speicher**Dieses Modell wird den täglichen Anforderungen von Geschäftsleuten problemlos gerecht.

- **Design und Portabilität**: Einer der Hauptvorteile des ThinkBook 13x Gen 4 ist sein schlankes Profil **12,9 mm dick** und wiegen **unter 1,2 kg**. Dadurch ist es äußerst portabel, ohne dass die Verarbeitungsqualität beeinträchtigt wird. Die elegante Aluminiumoberfläche verleiht ihm einen erstklassigen Eindruck.

- **KI-gestützte Funktionen**: Dieses Modell beinhaltet KI-gesteuerte Verbesserungen, wie z **Mikrofone mit Geräuschunterdrückung** Und **Intelligentes Energiemanagement**Damit ist es ideal für Berufstätige, die häufig an virtuellen Besprechungen teilnehmen oder in lauten Umgebungen arbeiten.

ThinkPad X1 Carbon Gen 9

Der **ThinkPad X1 Carbon Gen 9** ist weiterhin ein Flaggschiff in der Geschäftspalette von Lenovo. Bekannt für seine **Ultraleichter KohlefaserkörperEs** bietet erstklassige Funktionen wie **5G-Konnektivität**, **4K-Anzeigeoptionen**, Und **Intel Evo** Zertifizierung, die eine schnelle Leistung und eine längere Akkulaufzeit gewährleistet.

- **Geschäftliche Nutzung**: Der X1 Carbon ist perfekt für Führungskräfte, Berater oder alle, die ein äußerst tragbares und dennoch leistungsstarkes Gerät benötigen. Mit einer Akkulaufzeit von **bis zu 15 StundenEs** ist auf Profis zugeschnitten, die auf Reisen eine zuverlässige Maschine benötigen.

ThinkBook 16p Gen 3

Für diejenigen, die einen größeren Bildschirm in einem Business-Laptop suchen, ist der **ThinkBook 16p Gen 3** ist eine ausgezeichnete Option. Es verbindet **AMD Ryzen 9-Prozessoren** mit **NVIDIA RTX 3060**

Grafiken, wodurch es sowohl für geschäftliche Aufgaben als auch für anspruchsvollere kreative Anwendungen geeignet ist.

- **Leistung**: Dieses Modell zeichnet sich durch seine Fähigkeit aus, umfangreiches Multitasking, Videobearbeitung und 3D-Rendering zu bewältigen und gleichzeitig geschäftsfreundliche Funktionen wie z **Fingerabdrucksicherheit** Und **Leistung auf Unternehmensniveau**.

Legion-Serie: Gaming und Leistung entfesselt

Der **Lenovo Legion-Serie** stellt Lenovos führende Gaming-Laptop-Reihe dar und bietet leistungsstarke Hardware, die auf Gamer, Content-Ersteller und Power-User zugeschnitten ist. Diese Laptops sind für die Bewältigung ressourcenintensiver Spiele und Anwendungen konzipiert und bekannt für ihre Kombination aus modernster Technologie, robusten Kühlsystemen und Designfunktionen, die sowohl den Bedürfnissen professioneller Gamer als auch kreativer Profis gerecht werden.

Überblick über die Legion-Serie: Eine perfekte Fusion aus Leistung und Design

Lenovos **Legion-Serie** wurde entwickelt, um der steigenden Nachfrage nach leistungsstarken Gaming-Laptops gerecht zu werden, ohne Kompromisse bei der Portabilität oder dem Design einzugehen. Im Gegensatz zu herkömmlichen Gaming-Laptops, die oft ein sperriges und auffälliges Design haben, hat sich Lenovo für eine dezentere Ästhetik mit schlankem, minimalistischem Äußeren in Kombination mit leistungsstarkem Innenleben entschieden.

Die Legion-Serie wurde speziell für Gamer und Entwickler entwickelt, was bedeutet, dass diese Laptops nicht nur für AAA-Gaming-Titel geeignet sind, sondern auch ressourcenintensive Aufgaben wie 3D-Rendering, Videobearbeitung und digitale Kunsterstellung bewältigen können. Die leistungsstarke Kombination aus Displays mit hoher Bildwiederholfrequenz, den

fortschrittlichen GPUs von NVIDIA, Intels und
Die neuesten Prozessoren von AMD und die
proprietäre Kühltechnologie von Lenovo
machen die Legion-Serie zu einer zuverlässigen
Wahl für alle, die Spitzenleistung benötigen.

Thermische Lösungen: Die Legion Coldfront Hyper Thermal-Technologie

Einer der wichtigsten Aspekte eines
Gaming-Laptops ist sein Wärmemanagement.
Hochleistungskomponenten wie **NVIDIA-GPUs
Und Intel Core- oder AMD
Ryzen-Prozessoren** erzeugen bei intensiver
Arbeitsbelastung erhebliche Mengen an Wärme.
Der **Legion Coldfront Thermal-Technologie**
ist Lenovos Lösung für diese Herausforderung.

Coldfront-Funktionen

Der **Legion Coldfront Hyper Thermal** Das
System umfasst mehrere Funktionen, die es
diesen Laptops ermöglichen, kühler und

effizienter zu laufen, selbst bei längeren Spielesitzungen oder unter hoher Arbeitslast.

- **Fortschrittliche Quad-Channel-Kühlung**: Die Legion-Serie enthält normalerweise a **Vierkanal-Belüftungssystem**. Dies ermöglicht eine effizientere Luftzirkulation und stellt sicher, dass sowohl die CPU als auch die GPU bei Aufgaben mit hoher Belastung auf optimalen Temperaturen gehalten werden. Dieses System leitet kühle Luft durch mehrere Punkte und stößt heiße Luft durch hintere und seitliche Lüftungsschlitze aus, wodurch die Wahrscheinlichkeit einer thermischen Drosselung verringert wird, die sich auf die Leistung auswirken kann.
- **Flüssigkristall-Polymer-Lüfter**: Lenovo hat integriert **Klingen aus Flüssigkristallpolymer** in den Lüftern seiner Legion-Laptops, wodurch die Lüfter dünner, aber langlebiger werden.

Dadurch wird ein größerer Luftstrom gewährleistet und gleichzeitig die Lüftergeräusche auf ein Minimum reduziert. Diese Verbesserungen tragen auch zur Langlebigkeit des Kühlsystems bei.

- **Wärmesensoren**: Mit **thermisch abgestimmte Sensoren**Das System passt die Lüftergeschwindigkeit automatisch auf der Grundlage von Echtzeit-Temperaturmesswerten an und stellt so sicher, dass die Komponenten innerhalb sicherer Betriebsgrenzen bleiben, ohne dass die Leistung darunter leidet.

- **Dampf Kammertechnik**: Der **Legion 7i** und High-End-Modelle verfügen häufig über die Dampfkammertechnologie, die die Wärmeableitung maximiert, indem sie die Wärme über eine größere Oberfläche verteilt und so eine effizientere Kühlung im Vergleich zu herkömmlichen Wärmerohren ermöglicht.

NVIDIA-Grafik und hochmoderne Displays: Fesselndes Gaming-Erlebnis

Die Grafikleistung ist für Spiele von entscheidender Bedeutung und Lenovo enttäuscht in dieser Hinsicht nicht. Die Legion-Serie ist mit einigen der neuesten ausgestattet **NVIDIA GeForce RTX** GPUs, die nicht nur in der Lage sind, die neuesten AAA-Spiele mit hohen Bildraten auszuführen, sondern auch erweiterte Funktionen wie unterstützen **Raytracing** Und **KI-verbessert** Rendering-Techniken.

Wichtige GPU-Funktionen

- **Raytracing**: NVIDIAs **RTX Serie** GPUs, die in Modellen wie dem zu finden sind **Legion 7i**ermöglichen Echtzeit-Raytracing, das die Art und Weise simuliert, wie Licht mit Objekten in einer Spielumgebung interagiert. Dies führt zu realistischeren Schatten,

Reflexionen und Lichteffekten und sorgt für ein noch intensiveres Spielerlebnis.

- **DLSS (Deep Learning Super Sampling)**: Mit NVIDIAs **DLSS** Technologie, die in Legion-Modellen unterstützt wird, können Gamer höhere Auflösungen genießen, ohne Kompromisse bei der Bildrate einzugehen. Diese KI-gesteuerte Funktion steigert die Leistung, indem Bilder mit einer niedrigeren Auflösung gerendert und dann mithilfe von maschinellem Lernen hochskaliert werden, wobei die Bildqualität erhalten bleibt.

- **Anzeigen mit hoher Bildwiederholfrequenz**: Die Legion-Serie sticht auch durch ihre Displays hervor, von denen viele bieten **120 Hz, 144 Hz und sogar 165 Hz** Bildwiederholraten, kombiniert mit **FHD** (1920x1080) oder **QHD** (2560x1440) Auflösungen. Diese Bildschirme mit hoher Bildwiederholfrequenz reduzieren Bewegungsunschärfe und verbessern die

Reaktionsfähigkeit, was Gamern einen Wettbewerbsvorteil bei rasanten Titeln wie Ego-Shootern und Rennspielen verschafft.

Vergleich der Legion-Modelle: Legion 7i und andere Varianten

Die Legion-Reihe von Lenovo bietet mehrere verschiedene Modelle, die jeweils leicht unterschiedliche Segmente des Gaming- und Content-Creation-Marktes abdecken. Hier sehen Sie einige herausragende Modelle genauer.

1. Legion 7i: Flaggschiff-Gaming-Kraftpaket

Der **Legion 7i** ist das Spitzenmodell von Lenovo und wurde für Hardcore-Gamer und Entwickler entwickelt, die die höchstmögliche Leistung benötigen. Zu den Hauptmerkmalen dieses Modells gehören:

- **NVIDIA RTX 3080/3070-GPUs**: Diese leistungsstarken Grafikkarten ermöglichen es dem 7i, die neuesten Spiele mit

Ultra-Einstellungen auszuführen und atemberaubende visuelle Effekte für kreative Anwendungen zu liefern.

- **Intel Core i7/i9-Prozessoren der 11. oder 12. Generation**: Der Legion 7i wird von den neuesten leistungsstarken Intel-Prozessoren angetrieben, die Multitasking und CPU-lastige Anwendungen wie Rendering oder Videobearbeitung problemlos bewältigen.

- **Bis zu 32 GB DDR4-RAM**: Mit bis zu **32 GB RAM**Dieses Modell kann zahlreiche Anwendungen und Aufgaben gleichzeitig ohne Verzögerung bewältigen und eignet sich perfekt für Spiele, Streaming und professionelle Arbeit.

- **QHD-Display mit 165 Hz**: Das Legion 7i ist häufig mit einem ausgestattet **16-Zoll-QHD-Display**Es bietet eine gestochen scharfe Bildqualität und eine gleichmäßige Bildwiederholfrequenz für ein erstklassiges Spielerlebnis.

- **KI-optimierte Leistung**: Die KI-erweiterte Technologie von Lenovo passt die Systemleistung dynamisch an die Arbeitslast an und stellt so sicher, dass Benutzer ihre Hardware optimal nutzen, ohne dass es zu Überhitzung oder Drosselung kommt.

2. Legion 5i: Mainstream-Gaming-Leistung

Der **Legion 5i** Die Serie bietet eine preisgünstigere Option für Gamer, ohne zu große Einbußen bei der Leistung hinnehmen zu müssen. Es kommt mit **RTX 3060** oder **RTX 3050** GPUs, sodass AAA-Spiele mit mittleren bis hohen Einstellungen ausgeführt werden können.

- **Ausgewogene Kühlung**: Es verfügt zwar nicht über die Vapor-Chamber-Technologie des Legion 7i, aber die **Kaltfront 3.0** Das Kühlsystem hält die Temperaturen auch bei intensivem Gaming unter Kontrolle.
- **Solide Verarbeitungsqualität**: Der **Legion 5i** behält ein hochwertiges Design mit einem robusten Aluminiumgehäuse

bei und bietet einen professionellen Look, der sowohl Gamern als auch Profis gefällt.

- **Erschwingliche Anzeigeoptionen**: Der Legion 5i enthält normalerweise a **1080p-Anzeige** mit Optionen für **Bildwiederholfrequenz von 144 Hz**und bietet ein reibungsloses Spielerlebnis, ohne die Bank zu sprengen.

3. Legion Slim 7i: Portabilität trifft auf Leistung

Für diejenigen, die Wert auf Portabilität legen, aber dennoch einen leistungsstarken Spielautomaten wollen, ist der **Legion Slim 7i** ist eine fantastische Wahl.

- **NVIDIA RTX 2060 Max-Q**: Der **Max-Q** Variante des **RTX 2060** bietet ein hervorragendes Gleichgewicht zwischen Leistung und Effizienz und ermöglicht das Spielen unterwegs, ohne die Akkulaufzeit zu beeinträchtigen oder übermäßige Hitze zu erzeugen.

- **Dünnes und leichtes Design**: Wie der Name schon sagt, die **Schlankes 7i** ist äußerst tragbar, mit einem dünnen Profil und einer leichten Bauweise, die den Transport im Vergleich zu anderen Gaming-Laptops erleichtert.
- **Batterieeffizienz**: Das Slim 7i wird mit geliefert **verbesserte Akkulaufzeit** im Vergleich zu herkömmlichen Gaming-Laptops und seine energieeffizienten Anzeigeoptionen verlängern die Nutzung zwischen den Ladevorgängen zusätzlich.

Ideale Anwendungsfälle für Gamer und Entwickler

Der **Lenovo Legion-Serie** richtet sich nicht nur an Gamer. Dank der leistungsstarken Hardware und dem Funktionsumfang eignen sich diese Laptops auch hervorragend für **Content-Ersteller**, **Designer**, Und **Video-Editoren** die eine hohe Leistung beim

Rendern, Multitasking und Arbeiten mit großen Dateien benötigen.

1. Gamer

- **Wettbewerbsfähige Gamer**: Mit Displays mit hoher Bildwiederholfrequenz und leistungsstarken GPUs sind Legion-Laptops ideal für wettbewerbsfähige Spieler von **Ego-Shooter** Und **Battle Royale** Spiele, bei denen schnelle Reflexe und geringe Latenz wichtig sind.
- **Gelegenheitsspieler**: Selbst die Legion-Modelle der unteren Preisklasse bieten ein flüssiges Erlebnis für Gelegenheitsspieler, die Einzelspielertitel oder weniger grafikintensive Spiele mögen.

2. Kreativprofis

- **3D-Modellierer und Animatoren**: Der **Raytracing-Funktionen** der NVIDIA RTX-GPUs machen die Legion-Serie zu

einem leistungsstarken Werkzeug für
3D-Modellierung Und **Animation**
Software, die es Künstlern ermöglicht,
Szenen in Echtzeit mit präziser
Beleuchtung und Schatten in der Vorschau
anzuzeigen.

- **Video-Editoren**: Die schnellen CPUs der
  Legion, große Speicheroptionen und
  schnelle SSDs eignen sich perfekt für die
  Bearbeitung großer Videodateien und die
  Ausführung von
  Videobearbeitungssoftware wie z **Adobe
  Premiere Pro** oder **DaVinci Resolve**.

Maximieren Ihr Lenovo Laptop: Tipps, Tricks und Hacks

Lenovo Laptops, egal ob aus der ThinkPad-, Legion-, Yoga- oder IdeaPad-Serie, sind für ihre Vielseitigkeit und zuverlässige Leistung bekannt. Doch wie bei jeder Technologie können ein paar Optimierungen und eine sorgfältige Verwaltung viel bewirken, um das Beste aus Ihrem Gerät herauszuholen. In diesem Kapitel behandeln wir praktische Tipps und Hacks, die Ihnen dabei helfen, das Potenzial Ihres Lenovo Laptops zu maximieren, die Akkulaufzeit zu verlängern, die

Leistung zu verbessern und sicherzustellen, dass das Gerät über einen längeren Zeitraum effizient bleibt.

Batteriemanagement: So sorgen Sie dafür, dass Ihr Lenovo Laptop länger hält

Die Akkulaufzeit ist für jeden Laptop-Benutzer ein Problem, insbesondere für diejenigen, die ihr Gerät über längere Zeiträume ohne Zugang zu einer Steckdose betreiben müssen. Lenovo bietet integrierte Tools und Einstellungen, die zur Optimierung der Akkunutzung beitragen. Mit ein paar zusätzlichen Tricks können Sie jedoch noch mehr Leistung aus Ihrem Gerät herausholen.

Lenovo Vantage Batteriesparmodus

Lenovo-Laptops werden mit geliefert **Lenovo Vantage** Software, ein leistungsstarkes Tool zur Verwaltung verschiedener Aspekte Ihres Geräts, einschließlich der Batterieeinstellungen. Eine besonders nützliche Funktion ist die

Batteriesparmodus, wodurch der Akku im angeschlossenen Zustand bei etwa 55–60 % geladen bleibt. Dies verlängert die Lebensdauer Ihres Akkus, insbesondere wenn Sie Ihren Laptop hauptsächlich verwenden, während er an das Stromnetz angeschlossen ist.

Energiepläne und Anzeigeeinstellungen

Nutzen **Windows-Energiepläne** ist eine weitere wichtige Möglichkeit, die Akkulaufzeit zu verwalten. Für alltägliche Aufgaben wie Surfen im Internet und Bearbeiten von Dokumenten ist die **Energiesparplan** ist ideal. Wenn Sie für intensive Aufgaben mehr Leistung benötigen, können Sie auf die umsteigen **Hochleistungsplan** Aber denken Sie daran, dass dadurch mehr Energie verbraucht wird.

Darüber hinaus reduzieren Sie Ihre **Bildschirmhelligkeit** und ermöglichen **Nachtlichtmodus** kann erheblich zur Energieeinsparung beitragen. Lenovo Laptops, insbesondere ThinkPads und Legion-Modelle, verfügen über energieeffiziente

Anzeigetechnologien, die die Helligkeit je nach Umgebungslicht anpassen. Stellen Sie sicher, dass diese adaptiven Helligkeitsfunktionen aktiviert sind.

Hintergrundanwendungen verwalten

Im Hintergrund ausgeführte Anwendungen können die Akkulaufzeit belasten und unnötige Ressourcen verbrauchen. Benutzen Sie die **Task-Manager** (Strg+Umschalt+Esc), um nicht benötigte Apps oder Dienste zu überwachen und zu schließen. Auf Lenovo-Geräten **Vantage Smart Performance Services** kann helfen, indem es ressourcenintensive Anwendungen automatisch erkennt und Vorschläge zu deren Verwaltung macht.

Leistungssteigerung: Holen Sie das Beste aus Ihrem Lenovo Laptop heraus

Wenn Sie auf der Suche nach höherer Geschwindigkeit, flüssigerem Multitasking oder sogar verbesserter Spieleleistung sind, gibt es mehrere Möglichkeiten, wie Sie Ihren Lenovo Laptop optimieren können, um Spitzenleistung zu liefern.

1. Halten Sie Ihr System auf dem neuesten Stand

Regelmäßige Updates stellen sicher, dass Ihr Laptop mit den neuesten Treibern und Sicherheitspatches läuft. Verwenden **Lenovo Vantage** um Systemaktualisierungen zu verwalten, insbesondere für BIOS- und Chipsatztreiber, die sich direkt auf die Leistung auswirken können.

2. Optimieren Sie Startprogramme

Standardmäßig sind viele Anwendungen so eingestellt, dass sie beim Start gestartet werden, was die Startzeiten erheblich verlangsamen und die Systemgeschwindigkeit beeinträchtigen kann. Um dies zu steuern, gehen Sie zu **Task-Manager** und navigieren Sie zu **Start-up** Tab. Deaktivieren Sie den Start aller unnötigen Programme beim Booten.

3. Verwenden Sie SSD-Optimierungstools

Die meisten Lenovo-Laptops sind mit Fast ausgestattet **Solid-State-Laufwerke (SSDs)**. Um jedoch eine optimale SSD-Leistung aufrechtzuerhalten, verwenden Sie Tools wie z **Windows-Datenträgerbereinigung** Und **Lenovos Vantage Storage Health** Funktionen, die dafür sorgen, dass Ihre Laufwerke sauber und effizient bleiben. Vermeiden Sie, dass Ihre SSD mehr als 70 % ihrer Gesamtkapazität ausfüllt, um die Leistung auf dem Höhepunkt zu halten.

4. Aktivieren Sie den Leistungsmodus für intensive Aufgaben

Bei Lenovo-Laptops, insbesondere in der Legion- und ThinkPad-Serie, können Sie mit zwischen den Energieprofilen wechseln **Lenovo Vantage**. Aktivieren Sie diese Option für Aufgaben wie Spiele oder 3D-Rendering **Leistungsmodus**Dadurch werden Ihrer GPU und CPU mehr Ressourcen und Leistung zugewiesen, sodass Sie das Beste aus Ihrem Laptop herausholen können.

Optimierung der Systemeinstellungen für Produktivität und Langlebigkeit

Die Langlebigkeit und Effizienz Ihres Lenovo Laptops hängen nicht nur von der Hardware ab. Die Optimierung der Systemeinstellungen kann eine große Rolle dabei spielen, dass Ihre Maschine über Jahre hinweg reibungslos läuft.

Regelmäßige Bereinigung und Datenträgerverwaltung

Stellen Sie sicher, dass Sie regelmäßig temporäre Dateien und unnötige Anwendungen bereinigen. Der **Speichersinn** Die Funktion in Windows kann alte oder nicht verwendete Dateien automatisch löschen, um Speicherplatz freizugeben. Darüber hinaus bietet Lenovo Vantage **PC-Gesundheitscheck** Und **Intelligente Leistungsdienste**, die Ihr System auf Probleme scannen und umsetzbare Schritte zu deren Behebung bereitstellen.

Halten Sie Ihren Laptop kühl

Überhitzung ist ein häufiges Problem bei Hochleistungs-Laptops. Verwenden Sie Kühlkissen und stellen Sie sicher, dass die Lüftungsschlitze Ihres Laptops nicht blockiert werden, wenn Sie ihn auf weichen Oberflächen wie Betten oder Sofas verwenden. **Kaltfront der Legion** Wärmemanagementfunktionen in Lenovos Legion-Laptops helfen bei der Temperaturregulierung, aber zusätzliche Kühlung kann langfristige Hitzeschäden verhindern.

Regelmäßiges Staubwischen und Reinigen

Auch die physische Reinigung Ihres Lenovo-Laptops kann die Leistung verbessern. Staub, der sich um Lüftungsschlitze und Lüfter herum ansammelt, kann zu Überhitzung führen und den Luftstrom beeinträchtigen. Reinigen Sie die Lüftungsschlitze alle paar Monate mit einer

Druckluftdose. Diese einfache Wartung kann eine thermische Drosselung verhindern, bei der die CPU oder GPU langsamer wird, um eine Überhitzung zu vermeiden.

Unnötige visuelle Effekte deaktivieren

Obwohl Windows 10 und 11 über großartige visuelle Effekte verfügen, können diese die Leistung Ihres Systems belasten. Um diese zu deaktivieren, gehen Sie zu **Systemeigenschaften > Leistungsoptionen**, und wählen Sie **Passen Sie es an, um die beste Leistung zu erzielen**. Sie können manuell auswählen, welche visuellen Effekte Sie beibehalten oder deaktivieren möchten, um ein Gleichgewicht zwischen Ästhetik und Leistung zu erzielen.

Sorgen Sie dafür, dass Ihr Lenovo im Laufe der Zeit effizient läuft

Wie jede andere Technologie neigen auch Laptops dazu, mit der Zeit langsamer zu werden. Durch die Befolgung der richtigen Wartungspraktiken können Sie sicherstellen, dass Ihr Lenovo-Gerät auch in den kommenden Jahren weiterhin einwandfrei funktioniert.

Regelmäßige Sicherung und Bereinigung

Mit der Zeit sammeln sich auf Laptops unnötige Dateien, Software und Daten an. Sichern Sie regelmäßig Ihre wichtigen Dateien mit **OneDrive** oder **externer Speicher**, dann bereinigen Sie alte Daten. Dadurch wird sichergestellt, dass Ihr System übersichtlich bleibt, was sowohl die Startgeschwindigkeit als auch die Gesamtleistung verbessert.

Überwachen Sie die Systemtemperaturen

Verwenden Sie Lenovo Vantage, um die Systemtemperaturen im Auge zu behalten, insbesondere beim Spielen oder anderen intensiven Aufgaben. Eine längere Überhitzung kann mit der Zeit die Leistung Ihrer CPU und GPU beeinträchtigen. Wenn Sie Temperaturspitzen bemerken, reinigen Sie die Lüftungsschlitze und erwägen Sie die Investition in ein Kühlkissen.

Batteriepflege

Wenn Sie Ihren Laptop häufig mit Wechselstrom betreiben, aktivieren Sie diese Funktion **Batteriesparmodus** um eine Überladung des Akkus zu vermeiden. Vermeiden Sie außerdem Tiefentladungen, bei denen der Akkuladestand unter 20 % fällt, da dies die Lebensdauer des Akkus verkürzen kann. Führen Sie gelegentlich vollständige Ladezyklen durch, um die Ladekapazität des Akkus neu zu kalibrieren.

Führen Sie Sicherheits- und Malware-Scans durch

Regelmäßige Malware-Scans mit **Windows Defender** oder Antivirensoftware von Drittanbietern können Ihr System frei von schädlichen Programmen halten, die Ihren Computer verlangsamen könnten. Lenovos **ThinkShield** Die Plattform bietet außerdem erhöhte Sicherheit für ThinkPad-Benutzer, einschließlich eines sicheren BIOS und erweiterter Verschlüsselungsfunktionen zum Schutz vertraulicher Daten.

Zusätzliche Tipps und nützliche Lenovo-Verknüpfungen

- **Tastaturkürzel**: Lenovo-Tastaturen verfügen häufig über eindeutige Tasten wie die **Fn+Q** Kombination zum Umschalten zwischen den Leistungsmodi (leise, ausgeglichen und Leistung). Verwenden **Fn+Leertaste** um die Hintergrundbeleuchtung der Tastatur anzupassen und **Fn+Esc** um die Funktionstaste für einen schnelleren Zugriff im Modus „Immer an" zu sperren.
- **Lenovo Display-Optimierungen**: Im **Yoga** Und **IdeaPad** Serie bietet Lenovo integrierte Tools zur Farbkalibrierung, die besonders nützlich für Content-Ersteller und Profis sind, die mit Fotos und Videobearbeitung arbeiten. Stellen Sie sicher, dass Sie Ihre Anzeige an Ihre Workflow-Anforderungen anpassen.
- **Regelmäßige Neustarts**: Eine einfache, aber effektive Möglichkeit, die Leistung aufrechtzuerhalten, besteht darin, Ihren

Lenovo Laptop regelmäßig neu zu starten.
Durch einen Neustart wird der
Systemspeicher gelöscht,
Hintergrundprozesse geschlossen und
wichtige Aktualisierungen angewendet,
die möglicherweise ausstehen.

Lenovo Support und Services: Navigieren in der Kundenbetreuung

Lenovo, einer der weltweit führenden PC-Hersteller, legt großen Wert auf den Kundensupport und bietet eine breite Palette von Dienstleistungen an, um Benutzer bei der Bedienung ihrer Geräte zu unterstützen. Ganz gleich, ob Sie häufig auftretende Probleme beheben, Garantieinformationen einholen oder nach erweiterten Serviceoptionen suchen: Lenovo hat eine umfassende

Support-Infrastruktur geschaffen, um seinen Kunden zu helfen.

Zugriff auf den Lenovo-Kundensupport

Das Kundensupportsystem von Lenovo ist darauf ausgelegt, schnelle und effiziente Lösungen für eine Vielzahl von Anliegen bereitzustellen. Es gibt mehrere Möglichkeiten, auf den Support zuzugreifen:

- **Lenovo Support-Website**: Das primäre Portal für den Kundensupport ist die offizielle Lenovo Support-Website. Hier finden Benutzer Ressourcen für ihr spezifisches Gerät, darunter Treiber-Downloads, Benutzerhandbücher und Software-Updates. Über dieses Portal können Sie auch Serviceanfragen stellen und den Status laufender Reparaturen verfolgen.
- **Lenovo Vantage-Software**: Auf den meisten Lenovo-Laptops ist Lenovo Vantage vorinstalliert, ein leistungsstarkes

Tool, das Systemaktualisierungen in Echtzeit, Akkuoptimierung und direkten Zugriff auf den Kundensupport bietet. Mit Vantage können Benutzer außerdem Systemdiagnosen durchführen, den Gerätezustand überwachen und häufig auftretende Probleme unabhängig beheben.

- **Telefon- und Chat-Support**: Für komplexere Probleme bietet Lenovo Telefon- und Live-Chat-Support an. Diese Dienste bieten Benutzern sofortige Unterstützung durch technische Fachleute und stellen eine schnelle Reaktion auf kritische Probleme wie Gerätefehlfunktionen oder Garantieansprüche sicher.

Garantieoptionen: Schutz Ihrer Investition

Lenovo bietet umfassende Garantieleistungen für alle seine Produkte und stellt sicher, dass Benutzer im Falle von Hardwaredefekten oder

-ausfällen abgesichert sind. Das Verständnis der verschiedenen Garantieoptionen kann Benutzern helfen, fundierte Entscheidungen über die beste Abdeckung für ihre Geräte zu treffen.

Standardgarantie

Alle Lenovo-Produkte werden mit einem geliefert **Standardgarantie**, typischerweise dauerhaft **12 bis 24 Monate**. Diese Garantie deckt Hardwaredefekte ab und bietet Zugang zu Reparatur- oder Austauschdiensten für fehlerhafte Komponenten. Die Standardgarantie von Lenovo umfasst je nach Region auch Mail-In- oder Carry-In-Services.

Erweiterte Garantieoptionen

Für diejenigen, die einen längeren Schutz wünschen, bietet Lenovo an **erweiterte Garantiepläne**, die die Standardgarantiezeit verlängern. Diese Erweiterungen können besonders nützlich für Benutzer sein, die ihre Geräte mehrere Jahre lang nutzen möchten oder für berufliche Arbeiten stark auf ihre Laptops angewiesen sind.

Erweiterte Garantien können zum Zeitpunkt des Gerätekaufs erworben oder vor Ablauf der Standardgarantie hinzugefügt werden. Es handelt sich um eine flexible Option für Benutzer, die zusätzliche Sicherheit wünschen.

Reparaturservice: Gewährleistung einer reibungslosen Gerätefunktionalität

Lenovo bietet je nach Art des Problems und Garantiestatus des Geräts verschiedene Reparaturserviceoptionen an. Ziel dieser Dienste ist es, den Benutzern ein möglichst effizientes und bequemes Reparaturerlebnis zu bieten.

Reparatur vor Ort

Für geschäftliche und professionelle Benutzer bietet Lenovo **Reparaturservice vor Ort**Dies bedeutet, dass ein Techniker den Standort des Kunden besuchen kann, um das Problem zu beheben. Dies ist besonders nützlich für Profis, die auf ihre Geräte angewiesen sind und sich längere Ausfallzeiten nicht leisten können.

Mail-In-Reparatur

In Fällen, in denen das Gerät umfangreiche Reparaturen benötigt, bietet Lenovo an **Mail-in-Dienste**. Benutzer können ihre Laptops an ein autorisiertes Lenovo-Reparaturzentrum schicken, wo Techniker das Problem diagnostizieren und beheben, bevor sie das Gerät zurücksenden. Dieser Vorgang kann je nach Schwere des Problems und Verfügbarkeit von Ersatzteilen einige Tage dauern.

Optionen zur Selbstreparatur

Lenovo bietet auch **Möglichkeiten zur SelbstreparaturSo** können technisch versierte Benutzer bestimmte Teile bestellen und ihre Geräte zu Hause reparieren. Dies wird durch detaillierte Reparaturanleitungen und Handbücher unterstützt, die auf der offiziellen Website von Lenovo verfügbar sind.

Häufige Probleme beheben: Tools und Tipps

Viele häufige Probleme mit Lenovo-Laptops können durch Fehlerbehebung leicht gelöst werden. Lenovo bietet mehrere Ressourcen, die Benutzern dabei helfen, Probleme zu identifizieren und zu lösen, bevor sie umfassendere Reparaturdienste in Anspruch nehmen.

Lenovo Vantage-Diagnose

Der **Lenovo Vantage** Die App verfügt über integrierte Diagnosetools, mit denen häufige Probleme wie Batterieentladung, Leistungsverzögerungen und Hardwareprobleme erkannt und behoben werden können. Benutzer können diese Tests durchführen, um detaillierte Berichte über den Zustand ihres Geräts zu erhalten und sofort Maßnahmen zur Behebung kleinerer Probleme zu ergreifen.

Lenovos Support-Foren

Für spezifischere Probleme ist Lenovo online **Community-Foren** sind ein toller Ort, um sich Rat zu holen. Mit einer großen Benutzerbasis und der Beteiligung des technischen Personals von Lenovo bieten diese Foren Lösungen für häufige und seltene Probleme auf verschiedenen Geräten. Benutzer können nach ihrem spezifischen Problem suchen oder eine neue Anfrage stellen, um Hilfe von der Community zu erhalten.

Schutz vor Unfallschäden: Zusätzliche Sicherheit

Lenovo bietet über die Standardgarantien hinaus **Unfallschadenschutz (ADP)**, die Schutz vor unvorhergesehenen Vorfällen wie Stürzen, verschütteten Flüssigkeiten oder elektrischen Überspannungen bietet. Im Gegensatz zur Standardgarantie, die Herstellungsfehler abdeckt, ist ADP darauf ausgelegt, alltägliche Unfälle zu bewältigen, die Ihr Gerät beschädigen könnten.

Dieser Service umfasst:

- **Deckung für physische Schäden**: Einschließlich Stürzen, Stößen und gesprungenen Bildschirmen.
- **Flüssigkeitsschaden**: Schutz vor verschütteten Flüssigkeiten oder versehentlichem Eintauchen in Flüssigkeiten.
- **Schutz vor Überspannungen**: Schäden durch Überspannung.
- **Reparatur oder Ersatz**: Abhängig vom Ausmaß des Schadens repariert oder ersetzt Lenovo die betroffenen Gerätekomponenten.

ADP ist eine großartige Option für Benutzer, die in Umgebungen mit hohem Risiko arbeiten oder die zusätzliche Sicherheit wünschen, dass ihre Investition vor unvorhersehbaren Ereignissen geschützt ist.

Lenovo Premium Care: Spezielle Unterstützung

Für Benutzer, die vorrangigen Support und erweiterte Dienste benötigen, bietet Lenovo Angebote an **Premium-Pflege**. Dieser Support-Service bietet:

- **24/7-Support**: Benutzer können sich jederzeit an das technische Team von Lenovo wenden, um Hilfe bei Hardware- und Softwareproblemen zu erhalten.
- **Schnellere Reparaturzeiten**: Premium Care-Kunden erhalten bei Reparaturdienstleistungen Vorrang, was kürzere Bearbeitungszeiten gewährleistet.
- **Jährlicher PC-Gesundheitscheck**: Die Techniker von Lenovo führen jährlich umfassende Überprüfungen der Premium Care-Geräte durch, um sicherzustellen, dass sie optimal funktionieren.

Premium Care ist ideal für Profis, die kontinuierliche Unterstützung benötigen und sich keine langen Wartezeiten für Reparaturen oder Fehlerbehebung leisten können.

Erweiterte Serviceoptionen: Abdeckung aller Möglichkeiten

Darüber hinaus bietet Lenovo eine Vielzahl erweiterter Serviceoptionen für Benutzer an, die zusätzlichen Schutz benötigen. Diese Optionen bieten zusätzliche Abdeckung und schnellere Lösungszeiten für bestimmte Szenarien.

Intelligente Leistungsdienste

Lenovos **Intelligente Leistungsdienste** bieten proaktive Überwachung und Leistungsverbesserungen für Ihr Gerät. Dieser Dienst kann:

- **Identifizieren Sie Malware-Bedrohungen.**
- **Optimieren Systemgeschwindigkeit** und Bloatware entfernen.
- **Beheben Sie Netzwerkprobleme.**

- **Sorgen Sie dafür, dass Ihr System reibungslos läuft** durch regelmäßige Nachbesserungen.

Behalten Sie Ihren Antrieb

Lenovos **Behalten Sie Ihren Antrieb** Der Service ermöglicht es Kunden, ihr Speicherlaufwerk im Falle eines Austauschs zu behalten und stellt so sicher, dass sensible Daten niemals ihren Besitz verlassen. Dies ist besonders nützlich für Benutzer, die mit vertraulichen Informationen arbeiten.

Zukunft der Lenovo Laptops: Innovationen am Horizont

Lenovo ist seit langem führend auf dem Laptop-Markt und bekannt für seine robuste Leistung, sein innovatives Design und sein Engagement für benutzerorientierte Technologie. Während sich die Technologielandschaft weiterentwickelt, ebnet Lenovo weiterhin den Weg für die Zukunft der Laptops, indem es fortschrittliche Technologien integriert und auf neue Benutzerbedürfnisse reagiert.

Integration von KI und maschinellem Lernen

Künstliche Intelligenz und maschinelles Lernen stehen an der Spitze des technologischen Fortschritts, und Lenovo ist bereit, diese Technologien zu nutzen, um das Benutzererlebnis zu verbessern.

- **Intelligente Assistenten**: Zukünftige Lenovo-Laptops werden voraussichtlich über intelligentere KI-gesteuerte Assistenten verfügen, die über die Grundfunktionen hinausgehen. Diese Assistenten werden wahrscheinlich die Bedürfnisse der Benutzer antizipieren und Vorschläge machen, die auf Gewohnheiten und Vorlieben basieren. Stellen Sie sich ein Gerät vor, das lernt, wann Sie normalerweise Ihren Arbeitstag beginnen, indem es Einstellungen anpasst und Anwendungen vorab lädt, um Ihren Arbeitsablauf zu optimieren.

- **Leistungsoptimierung**: KI-Algorithmen erleichtern die Leistungsoptimierung in Echtzeit, indem sie Nutzungsmuster und Systemanforderungen analysieren. Dadurch können Laptops Ressourcen dynamisch für anspruchsvolle Aufgaben zuweisen, die Akkulaufzeit optimieren und die Wärmeentwicklung reduzieren. Beispielsweise könnte ein Laptop bei leichten Aufgaben automatisch in einen Energiesparmodus wechseln und bei hochintensiven Anwendungen wie Spielen oder Videobearbeitung die Leistung steigern.

- **Erweiterte Sicherheitsfunktionen**: Maschinelles Lernen wird auch eine entscheidende Rolle bei der Stärkung der Sicherheitsmaßnahmen spielen. Zukünftige Laptops von Lenovo könnten adaptive Sicherheitsprotokolle implementieren, die aus dem Benutzerverhalten lernen und Anomalien identifizieren, die auf Sicherheitsverletzungen hinweisen

könnten. Solche Systeme könnten
biometrische Authentifizierungsmethoden
integrieren, den Datenschutz verbessern
und gleichzeitig einen nahtlosen Zugriff
für legitime Benutzer gewährleisten.

Neue Formfaktoren und Designinnovationen

Da sich die Benutzeranforderungen
weiterentwickeln, ändern sich auch die Designs
und Formfaktoren von Laptops. Lenovo blickt
auf eine lange Innovationsgeschichte in diesem
Bereich zurück und die Zukunft sieht
vielversprechend aus.

- **Faltbare und flexible Displays**:
  Aufbauend auf dem Erfolg bestehender
  Modelle wie dem Lenovo ThinkPad X1
  Fold wird das Unternehmen
  wahrscheinlich sein Angebot an faltbaren
  Laptops erweitern. Diese Geräte können
  von einem Laptop in ein Tablet
  umgewandelt werden und bieten Profis
  und Kreativen eine unübertroffene

Vielseitigkeit. Zukünftige Iterationen könnten über eine verbesserte Haltbarkeit und bessere Scharniermechanismen verfügen, was nahtlose Übergänge und robustere Nutzungsszenarien ermöglichen würde.

- **Ultraleichte und ultraschlanke Designs**: Angesichts der zunehmenden Remote-Arbeit und des Bedarfs an Portabilität wird Lenovo voraussichtlich ultraleichte Modelle einführen, ohne Kompromisse bei der Leistung einzugehen. Fortschritte in der Materialwissenschaft, einschließlich der Verwendung von Kohlefasern und Magnesiumlegierungen, werden die Herstellung von Laptops ermöglichen, die nicht nur leicht, sondern auch langlebig sind.

- **Verbesserte Ergonomie und Konnektivität**: Das Design zukünftiger Lenovo-Laptops wird sich wahrscheinlich auf die Benutzerergonomie konzentrieren und anpassbare Tastaturen und Touchpads umfassen, die bei längerem Gebrauch für mehr Komfort sorgen. Darüber hinaus können wir mit der Zunahme der Remote-Zusammenarbeit Innovationen bei Konnektivitätsfunktionen erwarten, wie etwa integrierte 5G-Funktionen und erweiterte Wi-Fi 6E-Unterstützung, die sicherstellen, dass Benutzer jederzeit in Verbindung bleiben.

Nachhaltigkeit und umweltfreundliche Initiativen

Da die Umweltbedenken zunehmen, macht Lenovo Fortschritte in Richtung Nachhaltigkeit, was wahrscheinlich die Zukunft seiner Laptop-Angebote prägen wird.

- **Umweltfreundliche Materialien**: Lenovo ist bestrebt, mehr recycelte und umweltfreundliche Materialien in seine Produkte zu integrieren. Zukünftige Laptops könnten nachhaltige Kunststoffe und andere Materialien verwenden, die die Umweltbelastung minimieren und gleichzeitig hohe Leistungsstandards beibehalten.

- **Energieeffizienz**: Die Entwicklung energieeffizienter Komponenten wird eine Priorität sein, wobei Lenovo darauf abzielt, den CO_2-Fußabdruck seiner Laptops zu reduzieren. Dies könnte die Integration von Prozessoren mit geringem Stromverbrauch und optimierten Wärmemanagementsystemen beinhalten, die einen effektiven Betrieb der Geräte ohne übermäßigen Energieverbrauch ermöglichen.

Vorhersagen für die nächste Generation von Lenovo Laptops

Mit Blick auf die Zukunft lassen sich mehrere Vorhersagen zur nächsten Generation von Lenovo-Laptops treffen:

- **Größere Anpassungsoptionen**: Zukünftige Modelle bieten möglicherweise erweiterte Anpassungsmöglichkeiten, sodass

Benutzer ihre Laptops besser an ihre Bedürfnisse anpassen können. Dazu könnten modulare Komponenten gehören, die aufgerüstet oder ausgetauscht werden können, sodass Benutzer die Leistung steigern können, ohne in völlig neue Geräte investieren zu müssen.

- **Immersive Erlebnisse**: Lenovo wird voraussichtlich das Multimedia-Erlebnis auf seinen Laptops durch Verbesserungen in der Display-Technologie verbessern. Dazu können Bildschirme mit höherer Auflösung, verbesserte Farbgenauigkeit und die Integration der OLED-Technologie gehören, die den Konsum von Inhalten und kreative Aufgaben angenehmer machen.

- **Integration von Mixed Reality**: Mit zunehmender Verbreitung von Mixed-Reality-Technologien könnte Lenovo eine Vorreiterrolle bei der Integration solcher Funktionen in seine Laptops übernehmen. Dies kann die Integration fortschrittlicher Kameras und

Sensoren beinhalten, die
Augmented-Reality-Erlebnisse
ermöglichen und die Grenzen zwischen
digitalen und physischen Umgebungen
weiter verwischen.

Glossar der Begriffe

A

- **KI (Künstliche Intelligenz)**: Technologie, die es Maschinen ermöglicht, Aufgaben auszuführen, die normalerweise menschliche Intelligenz erfordern.
- **AMD (Advanced Micro Devices)**: Ein Unternehmen, das Prozessoren und GPUs herstellt, die in vielen Laptops verwendet werden.
- **APU (Accelerated Processing Unit)**: Ein Prozessortyp, der sowohl CPU- als auch GPU-Funktionen kombiniert.

B

- **BIOS (Basic Input/Output System)**: Firmware, die zur Durchführung der Hardware-Initialisierung während des Bootvorgangs verwendet wird.
- **Akkulaufzeit**: Dauer, die ein Laptop mit einer einzigen Ladung betreiben kann.

C

- **CPU (Zentraleinheit)**: Die Hauptkomponente, die den Großteil der Verarbeitung in einem Laptop ausführt.
- **Kortex**: Eine Reihe von CPU-Architekturen, die von ARM Holdings entwickelt wurden.

D

- **Anzeige**: Der Bildschirm eines Laptops, der in Größe und Technologie variieren kann (z. B. LCD, OLED).
- **Dockingstation**: Ein Gerät, mit dem ein Laptop problemlos an mehrere

Peripheriegeräte angeschlossen werden kann.

UND

- **Ethernet**: Eine kabelgebundene Netzwerktechnologie, die für lokale Netzwerke verwendet wird.
- **eGPU (Externe Grafikverarbeitungseinheit)**: Ein Gerät, das an einen Laptop angeschlossen wird, um dessen Grafikleistung zu verbessern.

F

- **Firmware**: In die Hardware eines Laptops programmierte Software, die dessen Betrieb ermöglicht.
- **FHD (Full High Definition)**: Eine Bildschirmauflösung von 1920 x 1080 Pixel.

G

- **GPU (Grafikverarbeitungseinheit)**: Ein spezieller Prozessor zur Beschleunigung der Grafikwiedergabe.
- **Grafikkarte**: Eine Hardwarekomponente, die Bilder verarbeitet und rendert.

H

- **HDMI (High-Definition-Multimedia-Schnittste lle)**: Ein Verbindungsstandard zur Übertragung von Audio- und Videodaten.
- **Hertz**: Ein Maß für die Frequenz, das angibt, wie viele Zyklen pro Sekunde ein Prozessor ausführen kann.

ICH

- **E/A-Ports**: Eingangs-/Ausgangsanschlüsse zum Anschließen von Peripheriegeräten und Geräten an einen Laptop.
- **Integrierte Grafik**: In die CPU integrierte Grafikverarbeitungsfunktion anstelle einer separaten GPU.

J

- **Jargon**: Fachterminologie, die in einem bestimmten Bereich verwendet wird, z. B. Technologie.

K

- **Kbps (Kilobit pro Sekunde)**: Ein Maß für die Datenübertragungsgeschwindigkeit.

L

- **LAN (Lokales Netzwerk)**: Ein Netzwerk, das Computer innerhalb eines begrenzten Bereichs verbindet.
- **Linux**: Ein Open-Source-Betriebssystem, das in verschiedenen Computergeräten, einschließlich einigen Lenovo-Laptops, verwendet wird.

M

- **Maschinelles Lernen**: Eine Teilmenge der KI, die sich auf die Entwicklung von

Algorithmen konzentriert, die es
Computern ermöglichen, aus Daten zu
lernen.

- **M.2**: Eine Art Anschluss, der für SSDs
und andere Geräte verwendet wird.

N

- **NVIDIA**: Ein Unternehmen, das für die
Herstellung von Hochleistungs-GPUs für
Gaming- und professionelle Laptops
bekannt ist.
- **NAT (Network Address Translation)**:
Eine Technik zur Neuzuordnung eines
IP-Adressraums in einen anderen.

DER

- **Betriebssystem (OS)**: Software, die
Computerhardware- und
Softwareressourcen verwaltet; Beispiele
hierfür sind Windows und Linux.
- **OLED (Organische Leuchtdiode)**: Eine
Anzeigetechnologie, die einen besseren

Kontrast und eine bessere Farbe als herkömmliche LCDs bietet.

P

- **Portabilität**: Die Leichtigkeit, mit der ein Laptop transportiert und an verschiedenen Orten verwendet werden kann.
- **Prozessor**: Ein anderer Begriff für CPU, verantwortlich für die Ausführung von Anweisungen und die Verarbeitung von Daten.

Q

- **Quad-Core**: Eine CPU-Architektur mit vier Kernen für verbessertes Multitasking und Leistung.

R

- **RAM (Random Access Memory)**: Speicher, der von einem Computer zum vorübergehenden Speichern von Daten für den schnellen Zugriff verwendet wird.

- **Auflösung**: Die Anzahl der auf dem Bildschirm angezeigten Pixel, die sich auf die Bildschärfe auswirkt.

S

- **SSD (Solid State Drive)**: Ein Speichergerät, das Flash-Speicher für einen schnelleren Datenzugriff als herkömmliche Festplatten verwendet.
- **Blitz**: Eine Hardwareschnittstelle, die den Anschluss externer Peripheriegeräte an einen Laptop ermöglicht.

T

- **Wärmemanagement**: Techniken zur Steuerung der Temperatur der Komponenten eines Laptops.
- **Trackpad**: Eine berührungsempfindliche Oberfläche zur Cursorsteuerung.

IN

- **USB (Universal Serial Bus)**: Ein Standard zum Verbinden von Geräten und zum Übertragen von Daten.
- **UHD (Ultra High Definition)**: Eine Bildschirmauflösung von 3840 x 2160 Pixel.

V

- **Virtualisierung**: Die Erstellung virtueller Versionen physischer Komponenten wie Server oder Speichergeräte.
- **VPN (Virtuelles privates Netzwerk)**: Eine Technologie, die eine sichere Verbindung über das Internet herstellt.

IN

- **W-lan**: Eine Technologie für drahtlose Netzwerke, die es Geräten ermöglicht, eine Verbindung zum Internet herzustellen.
- **Windows**: Ein beliebtes Betriebssystem, das von Microsoft entwickelt wurde.

X

- **XLR**: Eine Art elektrischer Anschluss, der für Audio- und Videogeräte verwendet wird, jedoch bei Laptops nicht üblich ist.

UND

- **YouTube**: Eine Video-Sharing-Plattform, die häufig für technische Tutorials und Rezensionen verwendet wird.

MIT

- **Zoom**: Ein Videokonferenz-Tool, das für Remote-Arbeit und Meetings immer beliebter wird.

Lenovo Laptop-Bibel

Lenovo Laptop-Bibel